小さなエネルギーで豊かに暮らせる住まいをつくる

エネルギー半減をめざす
1985アクション

（一社）Forward to 1985 energy life 代表理事　野池政宏

学芸出版社

はじめに

東日本大震災に伴う福島原発事故によって、私たちの暮らしには「エネルギー」が深く関わっていることを改めて認識させられました。私は、どう考えても原発に頼らない社会をつくるべきだと考え、この国で暮らすすべての人が直接関わることができる取り組みとして始めたのが「Forward to 1985 energy life」という活動です。この活動は、我慢によるものではなく、賢く、楽しく家庭でのエネルギー消費量を減らすことを目指すものです。

Forward to 1985 energy life の「1985」とは、1985 年頃という意味です。

この当時、日本の家庭での電力消費量は現在のおよそ半分でした。いまよりも相当少ないエネルギーで毎日を暮らしていたわけです。そして 1986 年頃から "バブル" が始まり、エネルギー消費量もどんどん増えていきました。

私はそのとき 25 歳。思い出せば、スマートフォンなんかはありませんでしたが、とくに不便を感じることなく、楽しく毎日を暮らしていました。家庭の電力消費量が半分だったなんて不思議です。実際には、家電の保有台数が増えたことや、世帯数が増えて世帯人数が減ったことが「電力消費量 2 倍」になった理由と考えられますが、1985 年頃のエネルギーでの暮らし（1985 energy life）に近づけていくことに大きな無理があるとは思えません。

Forward to 1985 energy life の「Forward to」とは「前に進んでいく」という意味です。あえて Back to 1985 energy life としなかったのは、単純に「戻る」ではなく、1985 年頃からいままでに進化した省エネの技術や知恵を活用し、前向きな気持ちで家庭の省エネを進めていきたいと考えたからです。ネタばらしをすれば、1985 年という年を調べていると、この年に「Back to the Future」という映画が封切られたことがわか

2

り、このタイトルの"逆パクリ"を思いついて Forward to 1985 energy life としたのです。「未来に戻る」の逆の「過去に進む」というわけです。

　私は 2000 年頃から家庭の省エネに関心を持ち、とくに住まいのあり方によって省エネにつながる様々な技術について調べ、そこで得られた情報を、家づくりのプロや家づくりを考えている一般生活者に向けて伝えてきました。

　そうやって勉強する中で「現在の半分程度だった 1985 年頃のエネルギー消費量で、快適・健康的に暮らせる住まい」を実現させることは難しくないことがわかっていました。先ほど「1985 年頃のエネルギーでの暮らし（1985 energy life）に近づけていくことに大きな無理があるとは思えません」と書きましたが、それには具体的な根拠があったのです。

　2011 年から始めたこの活動も全国的な広がりを見せ、着実に「小さなエネルギーで豊かに暮らせる住まい」は増えてきています。本書では、まずは「エネルギーを巡る状況と家庭での省エネを進めていく意義」について述べ、その次に Forward to 1985 energy life という活動を始めた経緯と活動内容をご紹介し、最後に「小さなエネルギーで豊かに暮らせる住まい」の具体的な話をしています。みなさんの興味に応じて、途中から読み始めていただいても構いません。

　本書がますます「小さなエネルギーで豊かに暮らせる住まい」を増やすことにつながれば幸いです。

2018 年 4 月
一般社団法人 Forward to 1985 energy life 代表理事

野池政宏

小さなエネルギーで豊かに暮らせる住まいをつくる　**もくじ**

はじめに　/　2

第1章　エネルギーを巡る状況　　　　　　　　　　　　　　　　　7

エネルギーは社会の血液　/　8

我が国のエネルギーに関する課題　/　8

再生可能エネルギーへのシフトと省エネルギー　/　11

福島原発事故とその後　/　13

原子力発電に対する私のスタンス　/　16

第2章　家庭の省エネルギーを巡る状況　　　　　　　　　　　　19

家庭の省エネルギーを進める意義　/　20

数字で見る家庭の省エネや省電力消費を進める意義　/　22

「一次エネルギー」の意味　/　24

家庭の省エネに対する意識　/　25

国全体で省エネに対する知識不足がある　/　26

第3章　家庭の省エネを進める具体的な方法　　　　　　　　　　29

1パッシブデザインとパッシブな暮らし　/　30

冷房エネルギーを減らす４人の答え　/　30

エネルギーの「エンドニーズ」を考える　/　31

エンドニーズエネルギー　/　32

建物に工夫する～パッシブデザイン～　/　34

冬の暖かさを実現するパッシブデザイン

～冬のパッシブ～　/　35

夏の涼しさを実現するパッシブデザイン

～夏のパッシブ～ / 37

明るさを実現するパッシブデザイン

～通年のパッシブ～ / 38

断熱性能の向上はとても大きなメリットを生む / 40

南面の窓を大きく取るべきかの判断 / 41

断熱性と蓄熱性を日射取得に組み合わせる / 43

夏の基本、日射遮へいのポイント / 44

通風性能を上げる工夫はおもしろい / 47

太陽や風とうまく付き合う暮らし方をする

～パッシブな暮らし～ / 50

暖涼感と快適・健康 / 53

2 省エネにつながる設備機器 / 57

電気、ガス、灯油などの比較 / 57

電気は発電方法によって評価が変わる / 61

太陽光発電と太陽熱給湯 / 61

暖房設備と省エネ / 63

給湯設備と省エネ / 65

換気設備や照明設備と省エネ / 67

家電や調理と省エネ / 68

設備機器を賢く使う / 69

集合住宅における省エネ / 71

地域別・用途別の一次エネルギー消費量 / 72

1985 家族に向かおう / 73

第 4 章　省エネルギーの住まいと暮らしをつくる 1985 アクション　75

3.11 前後 / 76

原子力発電に頼らない社会にするには？ / 78

家庭の一次エネルギー消費量と電力消費量を半分にしよう / 81

多くの仲間が賛同してくれた / 83

家庭での省エネを普及させるには / 84

暮らし省エネマイスター検定 / 86

1985 地域アドバイザー拠点 / 88

勉強会の開催 / 89

1985 シミュレーター / 91

1985 アクションナビ / 93

1985 アクション HEMS / 95

全国省エネミーティング / 96

情報提供としての書籍の出版 / 97

第5章　エネルギー 1/2 家族を訪問　　　　101

少しずつ暮らしを見直して 1985 家族を達成 / 102

：山口県岩国市 K さん

楽しく、かしこく省エネに向かう実験と実践を重ね続ける / 107

：群馬県佐波郡 M さん

暖かさと柔らかな光に包まれて赤ちゃんと暮らす / 112

：埼玉県川越市 H さん

資料　自宅のエネルギー消費レベルを確認する方法 / 117

対談　　　　123

女性目線でエネルギー、自然、地域をとらえる / 124

：大橋マキ×野池政宏

長野県の環境エネルギー戦略 / 146

：中島恵理×野池政宏

地域振興とわが国が抱える「住」の課題 / 166

：藻谷浩介×野池政宏

あとがき / 187

第1章

エネルギーを巡る状況

我が国において「エネルギーをどうするか？」というテーマは極めて重要です。1985アクションは、この問題意識を根幹に進めている運動です。そこでこの章では、我が国におけるエネルギーに関連する状況について概観します。

エネルギーは社会の血液

　人間の生活においてエネルギーは欠かせません。もっとも基本的な「調理をする」「暖を採る」という目的では太古の昔から薪などのエネルギーが使われてきましたし、近年になって工業が発展し、パソコンやスマートフォンなどを使う暮らしが当たり前になってきて、ますますエネルギーは人間社会全体に不可欠なものになってきています。いまもし突然電気がなくなれば、世界中でとてつもない大混乱に陥るでしょう。

　またエネルギーは、これから目指すべき循環型社会（持続可能な社会）にも重要な役割を果たします。たとえば金属資源を再利用するシステムにもエネルギーは不可欠なので、一定に安価なエネルギーが不十分であれば、金属資源の枯渇を早めてしまいます。とにもかくにも、私たちは、まずこのエネルギーというものの大切さを改めて深く確認することが必要だと思います。

我が国のエネルギーに関する課題

　我が国の 2013 年における一次エネルギー消費量は世界第 5 位であり、とてつもなくたくさんのエネルギーを使っていることがわかります。しかも、エネルギー自給率（一次エネルギー自給率）は 4% ほどしかないため、石油、石炭、天然ガスなどのエネルギー資源の輸入が止まったり、その価格が大幅に上昇すれば、たちまちこの国の経済や暮らしは立ち行かなくなります（図 1）。もちろんそうならないための様々な施策が行われていますが、エネルギー資源の確保に関して脆弱であることは間違いありません。エネルギーを量的にも価格的にも安定的に確保していくことは、我が国において極めて重要な課題だということです。

　また多くのエネルギーを輸入することで、国内のお金が外国に逃げて

いくという経済的な問題もあります。近年では化石燃料全体の輸入額は20兆円を超えていて、それは輸入総額約70兆円の30％弱を占め、国家予算の約150兆円と比べてもその多さがわかります。そうした課題をできるだけ解決していくためのひとつの方策として、1970年代後半から原子力発電の導入が進められました。そして2011年に起きた福島原発事故の時点で、原子力発電は我が国の総発電量の約30％を占めるような、重要な役割を果たすようになっていました（図2）。

　エネルギーの自給率を高めるために導入が始まった原子力発電ですが、近年では地球温暖化対策の重要なカードとしても位置づけられています。しかし1986年に起きたチェルノブイリ原発事故でも福島原発事故でも明らかになったように、原子力発電は極めて大きな危険性を抱える発電方法です。また原子力発電所の事故だけでなく、放射性廃棄物の保存処理が未解決という根本的な問題を抱えています。どのように進めていくかという方法は別にしても、とにかく原子力発電はできるだけ早くなく

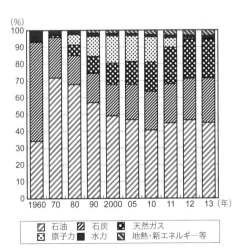

図1　日本のエネルギー国内供給構成の推移
（出典：エネルギー白書2015）※2013年は推計値

第1章　エネルギーを巡る状況　　9

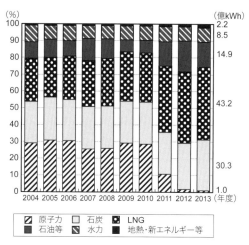

図2 日本の電源別発電電力量の推移 (出典：電気事業連合会資料)

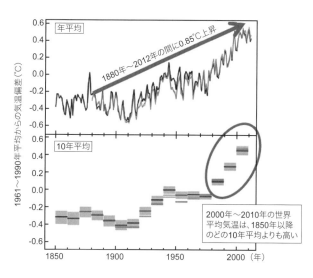

図3 観測された世界平均地上気温（陸域＋海上）の偏差 (出典：IPCC 第5次評価報告書)

していく方向で考えるのが正解のように思います。

　地球温暖化対策（温室効果ガス排出による気候変動問題対策）に対して、我が国がどのように取り組んでいくかということも重要です。地球規模の気候変動によって我が国の気候や気象がどう変化するかという問題もありますが、我が国以外の地域における気候変動による間接的な影響もかなり大きくなると考えられ、そうした視点で温暖化対策に取り組んでいくことが必要です。また"環境問題対策"は世界的なテーマであり、その中でも温暖化対策はもっとも大きなテーマとして位置づけられているので、それに対する我が国の取り組み方は国際政治上の発言力を決めることにもなります。

　地球温暖化の状況としては、2014 年に発表された「気候変動に関する政府間パネル（IPCC）」の第 5 次報告書にもあるように、相当に厳しいものになっています。このままでは地球全体で大きな気候変動が生じ、それに伴い地球全体で莫大な損失を被ると予測されています（図 3）。

再生可能エネルギーへのシフトと省エネルギー

　エネルギー自給率の向上、原子力発電からの脱却、地球温暖化対策。先に挙げた、我が国が抱えるエネルギーに関連する課題を解決するためには、再生可能エネルギーへのシフトと、省エネルギーが大きな 2 つの両輪になります。

　我が国において進められている再生可能エネルギーとしては、太陽光発電、風力発電、バイオマス利用、地熱利用、小水力発電、潮力・波力発電などがあります。この中で太陽光発電、風力発電、バイオマス発電、地熱発電については、2012 年から固定価格買取制度（FIT）が始まり、とくに太陽光発電は設置量が大幅に伸びています。

　しかし、2014 年夏には電力会社が再生可能エネルギー発電の買い取りを拒否するという問題が生じ、FIT を実施するための電気料金への上

乗せが国民への負担になっていることへの批判もあります。我が国に先立ちFITを導入したスペインでは、太陽光発電の設置量が予想以上に伸びる"太陽光バブル"が起こり、電気を高額で買い取ることによる負担を賄うことが不可能になった電力会社が経営危機に陥ったため、スペインでのFITは事実上破綻しました。またドイツでもFITによる電気料金への上乗せに対する批判が高まっているようです。

　再生可能エネルギー発電は"小規模・分散型"であり、しかもその多くは発電量が一定ではなく発電単価（単位発電量に係る費用）も高額です。これまでの"大規模・集中型・安定・安価"である電力供給体制とは大きく異なる部分が多いため、再生可能エネルギー発電の大幅な普及は容易ではありません。FITにおける課題解決も含め、じっくりと、しかしできるだけ効率よく、再生可能エネルギーへのシフトを進めていくことが必要です。

　言うまでもなく、省エネルギーも極めて重要です。再生可能エネルギーへのシフトが"攻め方を変える"ということだとすれば、省エネル

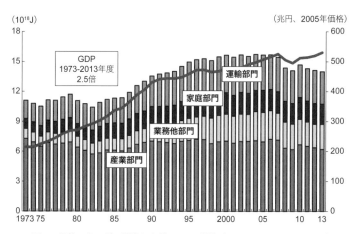

図4　最終エネルギー消費と実質GDPの推移（出典：エネルギー白書2015）

ギーは"守りを固める"といった位置づけでしょうか。たとえばサッカーでいくら得点力を上げたとしても、守備がザルで失点も多いと結局は負けてしまいます。守り（省エネ）は地味な印象がありますが、チームを勝利に導く（適切なエネルギー社会をつくりあげる）には間違いなく不可欠です。

　我が国における分野別のエネルギー消費量の推移を見てみると、産業部門のエネルギー消費量は減少傾向にあり（この間 GDP は増えています）、産業部門の省エネ化は一定に進んでいるといえます。一方で業務部門、家庭部門、運輸部門のエネルギー消費量は増加しており、とくにこの分野での省エネ化が求められます（図 4）。

福島原発事故とその後

　福島原発事故は、我が国におけるエネルギー関連の出来事のなかで最大にして最悪のものであると認識できるでしょう。当然ながら事故後は継続的に福島原発の状況が報道され、首都圏では計画停電が実施され、国民に節電が呼びかけられ、脱原発運動が活発化しました。今後どのようにエネルギー問題を解決していくべきかを考えるためにも、福島原発事故後の状況を概観しておきたいと思います。

　福島原発事故時は民主党政権でした。民主党は地球温暖化対策に積極的で、温室効果ガスの削減目標として 2020 年までに 1990 年比として 25％削減を掲げ、その目標を達成させるために原子力発電の増設を重要な位置づけとして計画していました。しかし福島原発事故が起きるとその方針を転換し、原子力発電を廃炉とする年数を原則「原子炉稼働後 40 年」とする原子炉等規制法の改正を成立させ、独立性の高い原子力規制委員会の設置を決めました。さらに 2012 年 9 月には「2030 年代には原発ゼロ」とする政策を打ち出し、閣議決定しようとしましたが失敗に終わりました。

第 1 章　エネルギーを巡る状況　　13

2012 年には自民党が再び政権を握り、安倍首相は原子力発電に前向きな発言をする一方で、長期間にわたり原子力発電やエネルギー全体についての具体的な政策は出てきませんでした。ようやく 2014 年になって第 4 次エネルギー基本計画が策定され、そこでは「原子力発電は重要なベースロード電源とする」という文言が盛り込まれました。第 4 次エネルギー基本計画では、再生可能エネルギーを積極的に進めていくという文言はあるものの、その具体的な目標は明確にはなっておらず、今後の議論という扱いになっています（この件は 2015 年春に変化があり、後述しています）。

経済界では、経団連が原発事故後も原発支持の発言を続けている一方、経済同友会は 2011 年に"縮原発"の方針を打ち出しました。しかし経済同友会は 2014 年にその方針を撤回し、2030 年に全電源に占める原子力発電の"下限"を 20％とする提言を行いました。「経済からエネルギーを考える経営者ネットワーク会議」のような脱原発を支持する団体もありますが、とくに大企業を中心とする経済界は原発推進の方向となっています。

次にメディアや国民に目を向けてみると、節電やエネルギーに関する報道が大きく増え、国民全体に電力供給のあり方やエネルギーに対する関心が高まったことは大きな変化と言えるでしょう。しかし多くの報道は電力ピークの低減に注目したものであり、年間の電力供給における原子力発電の位置づけや、電気だけではなくエネルギー全体に目を向けて省エネルギーを進めていくべきだという視点での報道は少なかったように思います。正直なところ私は、総合的な省エネルギーへの関心が急速に高まるようになると期待していたのですが、残念ながらそうしたムードにはなりませんでした。ただし、電力会社による節電の呼びかけには協力的で、とくに 2011 年夏は電力ピーク時で比べた場合、大工場やオフィスビルなどの大口需要は前年比で約 30％減、家庭では約 6％減となりました。

再生可能エネルギーへのシフトについても、一般市民の間で議論になるような状況にはならなかったと考えてよいと思います。やはり電力を含めたエネルギー供給のあり方は政策上の問題であるという認識が強く、そもそも国民はそうした政策を変えていくような世論をつくり上げるほど政治に期待していないという意識なのかもしれません。

　脱原発・反原発運動は、メディアでも取り上げられた首相官邸前での抗議デモが、多いときには20万人ほどの参加者を集めるほどの勢いとなりました（2012年6月）。またこれ以外でも全国で抗議行動や集会が行われ、その後参加者は減少しながらも定例化して続いています。

　原子力発電に対する国民の見方は、マスコミよりもインターネット上のものを見たほうがよいかもしれません。福島原発事故直後からインターネット上で原子力発電やその政策に関する極めて多くの意見や議論が見られるようになっています。当然ながらそこでは様々な意見がありますが、ざっくりと「即時原発ゼロ（すべての原子力発電所を再稼働させない）」「段階的に原発ゼロ」「原発比率低減」「原発重視（福島原発事故以前の原発比率に戻す）」といった意見に整理できると思います。このように、原子力発電の扱いは国民の間でも意見が分かれており、インターネット上の議論でも生産的な議論になっていない場合が多いように感じます。そうした議論を追いかけると、それぞれの意見を決める大きな要素は「過去から現在に至る原子力政策への不信感の程度」「原子力発電から離れることによる経済への影響をどう見るか？」の2つに絞られるのではないかと私は考えています。

　ところで原子力発電に対する国民の世論調査では、2014年の時点でも原発再稼働反対が6割近くを占め、段階的に原子力発電を減らして将来的には原発ゼロとする脱原発に賛成も77％という高い数字になっています（朝日新聞による調査）。つまり国民の意識をまとめると、エネルギー政策に対する世論形成には消極的と言える状況でありつつ、インターネット上では活発な議論が行われており、そうした議論を眺めな

がら、とりあえずの自分の考え方を決め、目の前の"経済"の厳しさを改善してくれるかもしれないアベノミクスに期待しながらも、安倍政権が推進する原子力発電については「ないほうがよい」と考える国民が多数を占めているといったところでしょう。

原子力発電に対する私のスタンス

　私は「段階的に原発ゼロ」を支持する立場です。様々な情報を集めてみると、確かに"原子力ムラ"という言葉で表現される特異的な集団（ネットワーク）がこれまで行ってきた原子力推進の動きは不適切だと考えます。しかし一方で自給率が低い我が国の状況を考えたとき、脱石油政策として原子力発電を一定に導入してきたことを真っ向から否定することはできません。つまり、そのやり方には極めて大きな問題があったものの、これまで原子力発電を推進してきたことには一定の合理性があったと考えるべきです。

　しかし、福島原発事故という未曾有の事故を経験した以上（未曾有の事故を発生させた国として）、私はどう考えても「原子力発電はゼロにしよう」と決めるべきだと思うのです。同じ過ちを繰り返す可能性を長い将来にわたって残すのはあり得ない選択だと思うのです。

　ただ、すぐに「原発ゼロ」という選択も、別に与える悪影響が大きいと思います。電力料金の上昇とそれに伴う産業や家庭への影響、原子力発電に頼ってきた地域への影響、火力発電のシェア増加による CO_2 排出量増大などです。こうした問題をうまく解決していくには時間が必要です。これまで長い間、この国は「原発ありき」という前提で動いてきました。そこでつくり上げられた仕組みは、この社会のすみずみにまで行き渡り、その影響は小さくありません（図5）。ここで突然「原発ゼロ」にしてしまえば、当然ながらその副作用は相当に大きなものになります。福島原発事故後初めて2015年11月に川内原発が再稼働するまで

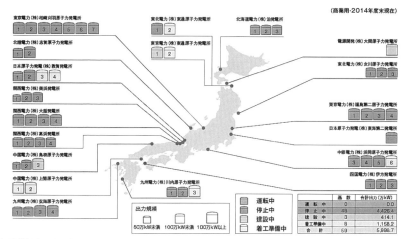

図5　国内の原子力発電所の運転・建設状況（2014年度末現在）
（出典：電気事業連合会「原子力・エネルギー図面集2015」）

「原発ゼロ」の状況でしたが、この間とくに経済的な打撃が相当にあったと考えるのが妥当でしょう。もちろんその副作用を覚悟して即原発ゼロ（一切の再稼働を認めない）にする気概がこの国全体にあれば別ですが、川内原発の再稼働への反応を見てもそうした気概はないと判断できると思います。

だから私は、ドイツと同じように「20◯◯年までに原発ゼロ」と決め、そこに向かって考えられる限りの知恵を絞り、最良の計画を立て、それを実行すべきだと思うのです。こうした「決断→議論→計画→実行」というアプローチは日本人は苦手なのかもしれません。しかし、福島原発事故が世界史的大事故という認識を持てば、そんなことを言い訳にしている場合ではありません。

なお、このForward to 1985 energy lifeというアクションは、脱原発だ

けを目指しているわけではないことを改めて述べておきます。原子力に頼らない社会をつくることもひとつの大きな目標ですが、それも含めて、新しいエネルギーの供給と消費のあり方（新しいエネルギー社会）をつくり上げていくことが何よりの目標です。

第 2 章

家庭の省エネルギーを
巡る状況

この章では「家庭の省エネルギー」に焦
点を絞って、その現状について整理しま
す。ここでとくに強調しているのは、家
庭の省エネに関する情報には偏りがあり、
その全体とポイントが国民全体に理解さ
れていないというところです。1985 ア
クションは、家庭の省エネに向かう工夫
のすべてを把握しながら、重要なポイン
トを押さえて進めていくところが大きな
特徴です。

家庭の省エネルギーを進める意義

　すでに述べたように、新しいエネルギー社会をつくるには、再生可能エネルギーへのシフトと省エネルギーの推進が両輪となります。ここで省エネに関しては、エネルギー消費を行っているすべての部門（産業、業務、家庭、運輸）での取り組みが必要ですし、その取り組みのすべてが価値あるものです。

　しかし私は、家庭部門での取り組みは、次に述べるような他の部門とは違う意義があると思っています。

　「家庭部門」とは、日本に住むほぼすべての人が当事者です。能動的に家庭での省エネをうまく進めていくことができれば、日本に住む多くの人が「エネルギー」や「省エネ」のことに関心を持つようになるはずです。

　エネルギーは国の存亡を決めるような極めて重要なテーマであり、だからこそ国策としてエネルギーの供給や省エネルギーのあり方を定めてきました。私たちの多くは、その内容をほとんど知ることなく、家や職場で電気やガスを無造作に使っています。「エネルギーは誰かがつくってくれているから、自分たちはそれを使えばよい」という（無意識に近い）意識なのでしょう。だからほとんど誰も、たとえば資源エネルギー庁が出している『エネルギー白書』を読んだこともないし、そのホームページも見たことがないはずです。また電力会社がどんな意識で経営をして、その社員がどんな意識で仕事をしているかということにも関心はないでしょう。

　でも今回の福島原発事故でわかったように、エネルギーに関わる問題というのは私たちの日常に大きな影響を与えていますし、将来（未来の子供たちの時代）の我が国の状況を大きく左右するものです。どこまで情報を追いかけたり、どこまで実際的な行動に移すかは各人によって違

うのは当然ですが、少しでもエネルギーのことに関心を寄せる人が増えるほど、「国任せ、他人任せ」ではない、エネルギーのあり方を選択できるはずです。

そう考えたとき、新聞やテレビでの「自分とは直接関係がないエネルギー関係のニュース」を見るよりも、自分たちの家でエネルギーとどう付き合っているかを考えたほうが、より身近なものとしてエネルギーというものを見ることができるのではないかと思うわけです。

そうした意味で、ここ最近、自分の家に太陽光発電パネルを設置する人が増えたのはとてもよいことだと思います（図6）。太陽光発電パネルを設置すれば、そのモニターに注目します。それはエネルギーというものを考える大きなきっかけになります。家計を管理している人なら光熱費という指標でエネルギー消費量に注目するでしょうが、それ以外の人が具体的にエネルギー消費量の数字を見ることはありません。太陽光発電のモニターは、そんな人にもエネルギーのことを考えるひとつの

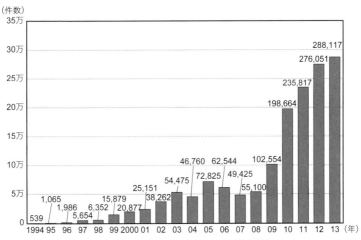

図6　国内の住宅用太陽光発電の導入件数推移
（出典：JPEA PV OUTLOOK2030）

第2章　家庭の省エネルギーを巡る状況　21

きっかけになります。

　でも逆に考えると、太陽光発電を設置する人以外は、自分の家のエネルギーについて接点を持つ機会はほとんどありません。もっと機会を増やせば、日本に住む人の意識が変わっていくのではないかと思います。

数字で見る家庭の省エネや省電力消費を進める意義

　我が国の一次エネルギー消費量全体に占める家庭部門の割合は15％ほどです（図4参照）。これを多いと見るか少ないと見るかは各人の感覚によるでしょうが、新しいエネルギー社会をつくっていくためには「やれることはすべてやる」という姿勢が必要であり、家庭部門の省エネを進める意義は十分にあります。

　また電力消費量に注目すれば、我が国の電力消費量全体に占める家庭部門の割合は30％近くになります（図7）。一次エネルギー消費量に比べて、家庭部門での電力消費量が占める割合は約2倍になるということで、家庭部門の電力消費量を減らす意義はとても大きいことがわかります。

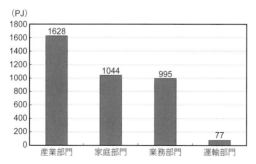

図7　部門別の電力消費量（2007年）
（出典：EDMC／エネルギー・経済統計要覧（2009年度））

またここで、おもしろいことに気がつきます（図8）。それは、福島原発事故が起きる前の原子力発電の発電量が家庭部門の電力消費量とほぼイコールになっているというところです（どちらも1000PJ程度）。省エネによって電力消費量を減らすべきなのは家庭部門に限る話ではありませんが、「家庭部門の電力消費量が減る分だけ、原子力発電所が減る」というのは、家庭部門の省エネ（＋省電力消費）を進めるモチベーションになるのではないかと思います。

ちなみに、ここで「節電」ではなく「省電力消費」と書いたのは、節電という表現が「小まめなスイッチオフ」や「電力のピークカット」を連想させると考えたからです。私は電気に絞って"節電"するのではなく、エネルギーの使い方そのものを賢く変えていくことで（省エネすることで）、それが電力消費量の削減につながるという流れが正しいと考えています。

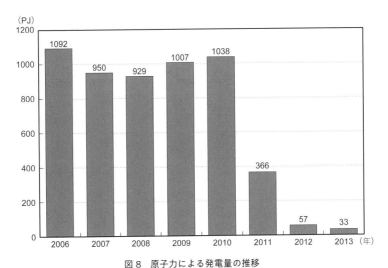

図8 原子力による発電量の推移
（出典：EDMC／エネルギー・経済統計要覧（2015年度））

「一次エネルギー」の意味

　ここで話は家庭の省エネから離れて、すぐ前の項でも出てきた「一次エネルギー」という言葉の意味について説明します。この言葉の理解を曖昧にしたまま読み進んでいただくと、しっくりこないところが出てくるからです。

　一次エネルギーは、広義的には「自然界にあるエネルギー資源」という意味です。大まかに分類すれば、石油、石炭、天然ガスなどの化石燃料資源、ウランなどの核燃料資源、そして太陽光や風、地熱といった再生可能エネルギーのすべてが一次エネルギーに該当します。

　ただ、省エネルギーについて議論する場合の一次エネルギーは、ここで挙げたうちの化石燃料資源のみを指す言葉であると理解してください。我が国の省エネ法（エネルギーの使用の合理化等に関する法律）はそもそもオイルショックを契機につくられたこともあり、省エネ法が目指す省エネルギーは「化石燃料資源の消費量（輸入量）を減らすこと」にあります。本書でもとくに断りがない限り「一次エネルギー＝化石燃料資源」という意味で使っています。

　また「二次エネルギー」という言葉もあります。これは私たちが実際に使っている、電気、都市ガス、LPガス、灯油、ガソリンなどのエネルギーを指します。二次エネルギーを消費すれば、その元の一次エネルギーが消費されるという関係になります（図9）。

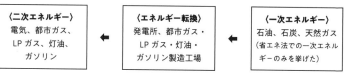

図9　二次エネルギーと一次エネルギーとの関係

家庭の省エネに対する意識

　いくつかのアンケート調査結果を見てみると、国民の省エネルギーに対する意識は高く、何らかの日常的な省エネ行動に取り組んでいる人は比較的多いと感じます。とくに福島原発事故以降は"節電"への意識が高まり、実際に節電行動を実施している人はかなりの割合に上っています。

　実際に実施されている省エネ行動や節電行動を国民生活センターによる調査結果で見てみると、「不必要な電灯や冷暖房機器はこまめに消す」「部屋の冷暖房を控え目にする」「シャワーのお湯を流しっぱなしにしない」「テレビやラジオのつけっぱなしをやめたり、視聴時間を減らす」などが上位を占めています。このように、多くの人が実践している省エネは「設備機器の使い方に工夫する」という内容です。

　こうした生活上の工夫や努力はもちろん大切であることは間違いないのですが、ここに「住まい」に関わる内容が挙げられていないことが気になります。実際には断熱性能を向上させるようなリフォームを行うことや、新築時に省エネに配慮するといったことは大きく省エネにつながるのですが、そもそもこの質問の選択肢にこうした内容のものがないので、もしそうしたリフォームや新築住宅の購入行動をとった人（とろうとしている人）がいても、それが結果に反映されていないわけです。

　では、そうした選択肢がもしあったとして、結果はどうなるでしょう？

　あくまで予測ですが、おそらく「断熱リフォームを実施した」「断熱リフォームの実施を検討している」「省エネに配慮した新築の購入を考えている」といった回答をする人は少ないのではないかと思います。世の中にある情報として、家庭の省エネ情報の中に「住まい」に関するものが圧倒的に不足していると思うからです。福島原発事故の後、頻繁にテレビや新聞が「家庭でできる節電や省エネ」について取り上げていましたが、そこではやはり「設備機器の使い方」を紹介するものがほとん

第2章　家庭の省エネルギーを巡る状況　　25

どであり、せいぜい「節電につながる設備機器の選び方」に関するものでした。

　また私は1年に10回ほどは一般生活者向けの省エネに関する講演を行うのですが、そのときにいつも多くの参加者が「省エネ＝設備機器の使い方と選び方の工夫」という意識を持っていることに気付かされます。「断熱性能を上げる」といった住まいの工夫を意識している人は多くありません。

　しかし一方、住宅の購入を考えている人にアンケートを取ってみると、断熱性能や省エネに配慮した家にしたいと答える人がたくさんいます。新築やリフォームに関する情報を集めると、断熱や省エネといった内容がたくさん出てくるので（省エネ住宅に関する書籍もたくさん出版されています）、こうした意識を持つのだろうと推察されます。

　つまり、新築やリフォームを考えていない人が接する省エネに関する情報は「ほとんど設備機器に関するものだけ」で、そこから一転して新築やリフォームを考え出すと「設備も住まい（建物）も合わせた情報」をたくさん目にすることになっているのが現状と考えてよいと思います。

国全体で省エネに対する知識不足がある

　家庭で省エネを進める方法はとてもたくさんあります。改めてそれを整理してみます。

1）建物に工夫する

2）太陽や風とうまく付き合う暮らし方をする

3）効率の良い設備機器を選ぶ

4）設備機器をうまく使う

　この中で、新築やリフォームを考えていない一般生活者のほとんどが省エネ行動として意識しているのは、3）や4）といった設備に関するものに限られているということは、先ほど述べた通りです。

そして先ほども述べたように、この中では、新築やリフォームを考え
ていない人が目にする情報としては「設備機器の使い方」が圧倒的に多
いというのが現状です。そこで、なぜそうなるかということを考えてみ
ると、住まいに関するものは「大きな投資が必要」という認識があり、
一般的な方法として紹介しにくいと考えられているからだと思います。

　しかし、住まいの改善にも少額でできるものがあります。たとえば、
カーテンの裾を床まで伸ばすと、窓から外に逃げる熱が減って（窓の断
熱性能が上がって）冬の室温が上がり、暖房エネルギーの削減につなが
ります。いまあるカーテンをそうやってリフォームするのはほとんどお
金がかからない方法です。またいまある窓の内側にもうひとつ内窓をつ
けるという方法はそれほどお金がかからずに、とても大きな断熱効果を
得ることができます。住まいの改善というと壁や床をはがして断熱材を
入れるようなイメージを持つ人が多いでしょうが、他にもいろいろある
のです（第3章で紹介しています）。

　しかし残念ながらこうした情報がほとんど出ていないことで、住まい
の省エネにつながる知識に偏りがあるのが現状です。もし多くの人がこ
うした知識を持っていることがわかっていれば、先に挙げた国民生活セ
ンターのアンケートでの質問の仕方も変わっていたはずです。

　もうひとつここで強調しておきたいことがあります。私が「（設備機
器ではなく）住まいに関連した省エネの知識が薄いこと」をとくに残念
に思うのは、住まいの改善によって室内環境が向上することを知らない
人がとても多いことです。設備機器の使い方や選び方に配慮したからと
いって、冬暖かく、夏涼しくなったりはしません。また省エネのために
過度に我慢して冷暖房を切ったりすると、健康に悪影響を及ぼす可能性
もあります。

　多くの人が「住まいの改善は省エネにつながると同時に、快適・健康
にもつながる。しかも、費用をかけなくてもできることがある」という
ことを知れば、もっと幅の広い家庭での省エネが進むように思います。

第2章　家庭の省エネルギーを巡る状況　　27

第 3 章

家庭の省エネを進める
具体的な方法

家庭の省エネを進める方法（家庭の省エネ行
動）には、大きく分けて「建物に工夫する」
「太陽や風とうまく付き合う暮らし方をする」
「効率のよい設備機器を選ぶ」「設備機器をう
まく使う」という４つがあります。とくに
最初の２つについては、メリットが大きい
にもかかわらず情報が不十分であり、この
章ではその内容について詳しく解説します。
1985 アクションは、この２つを大事にしな
がら家庭の省エネを進めています。

1 パッシブデザインとパッシブな暮らし

冷房エネルギーを減らす4人の答え

　一般の人に「冷房エネルギーを減らしたいときにまず何をしますか?」という質問をしたとします。実際、私の講演会でもこうした質問をすることがあります。

　Aさんの答えは「窓にスダレをつけて日差しを遮る」でした。Bさんは「できる限り窓を開け、涼しい風を通す」という回答でした。Cさんは「効率のよいエアコンを選ぶ」、Dさんは「ちょっと我慢してエアコンをかける時間を減らす」でした。

　この中でもっとも典型的な回答はDさんです。いわゆる"我慢の省エネ"です。でもこうした行動は省エネ的には美しいですが、誰もができる行動ではありません。次にはCさんのような回答が多いでしょうか。省エネのことを少し勉強した人によくある回答です。

　さて、この4人のうち誰がもっとも根本的な行動をしたかと言えば、日差しを遮ろうとしたAさんです。なぜなら、Aさんは"部屋が暑くなる原因"を取り除こうとしたからです。何事においても、まずは問題となっている根本原因を解決しようとする発想が大事です。しかし残念ながらAさんのような答えを最初に思い浮かべる人は多くありません。Bさんも「まず機械設備のことを思いつく」という発想ではないところがいい感じです。でもやはり、こうした答えを最初に思い浮かべる人も多くはありません。

　省エネ行動を考える順番として正しいのは「Aさん→Bさん→Cさん→Dさん」です(図10)。まずは問題の根本原因の解決に向かい、次

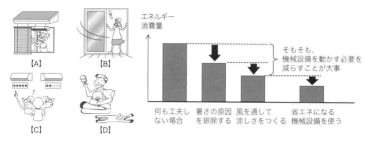

図10　冷房エネルギーを減らす、適切な順番

に自然をうまく活用することでエネルギーを消費する場面を最小限にする。それでも機械設備の力に頼らないといけない場合が出てくるので、効率のよい機械設備を選んで動かす。さらに無理がなければ、ちょっと我慢する。この順番で省エネを考えていくことで、賢く、大幅な省エネができるようになります。でも一般の人の回答数は「Dさん→Cさん→Bさん→Aさん」になると考えられ、適切な順番とまったく逆になっています。この"知識のギャップ"は本当に残念です。

エネルギーの「エンドニーズ」を考える

　夏にエアコンをかけるのは「涼しさ」を得るためです。私たちはエアコンがほしいのではなくて「涼しさ」がほしいわけです。逆に考えれば、電気を消費してエアコンをかけるのは「涼しさ」というニーズを得るためです。このように、エネルギーを消費する目的のことを「エンドニーズ」と呼ぶことにします。この「エンドニーズ」という発想は省エネを考える上でとても重要です。

　表1は「エネルギーの消費用途」と「エンドニーズ」を対応させたものです。ここでは「なるほどなあ」と思ってもらえれば十分です。

　ところで、先のDさんの回答だった「ちょっと我慢してエアコンを

表1 エンドニーズとエネルギー消費用途との関係

エンドニーズ	エネルギー消費用途
暖かさ	暖房
涼しさ	冷房
明るさ	照明
お湯	給湯
新鮮な空気	換気
食事	調理（コンロ）
情報・娯楽・便利	家電

かける時間を減らす」という行動はエンドニーズの質を落とすことになります。私たちはエンドニーズのレベルを一定に確保しながら（できればエンドニーズのレベルを上げながら）、省エネに向かうことを考えるべきです。

エンドニーズエネルギー

　エンドニーズのことをもう少し掘り下げます。まずは表2を見てください。表2は、表1に「エンドニーズエネルギー」という項目を加えたものです。これは「暖かさ」や「涼しさ」といったエンドニーズを得るために必要なエネルギーを指しています。「最終利用形態エネルギー」という表現をしてもよいかもしれません。

　これでわかるように、私たちが利用するエネルギー（エンドニーズエネルギー）は「熱」「光」「風」「動力（電気）」の4種類です。この中では「熱」がもっとも利用される場面が多いエンドニーズエネルギーであることがわかります。

　エンドニーズのレベルを確保しつつ、このエンドニーズエネルギーを減らすことができれば、それがもっとも根本的な省エネになります（図11）。その代表格が「暖かさ」を実現させるために建物の保温性を高め

表2　エンドニーズエネルギー

エンドニーズ	エンドニーズエネルギー	エネルギー消費用途
暖かさ	熱	暖房
涼しさ	熱（冷熱）	冷房
明るさ	光	照明
お湯	熱	給湯
新鮮な空気	風	換気
食事	熱	調理（コンロ）
情報・娯楽・便利	動力（電気）	家電

ることです。室内から逃げる熱を少なくすることによって保温性が高まり、「暖かさ」を保ちつつエンドニーズエネルギーである熱の量を減らすことができます。また先に述べた「窓の日除け」もこうした根本的な省エネの方法です。

しかし、たとえば「お湯」というエンドニーズを得るための「熱」を減らす方法は限られています。連続して入浴したり、保温性の高い浴槽にするなどがこれに当たりますが、どちらかというと「無駄をはぶく」という側面が強いものであり、「暖かさ」に必要な熱をそもそも少なくする建物の保温性を向上させる工夫のほうが根本的です。さらに言えば、

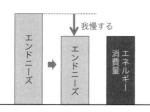
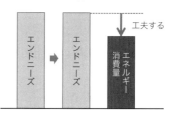

図11　我慢の省エネと工夫の省エネ

建物の保温性を向上させることは暖かさの質も向上させるので、メリットがとても大きくなります（p.40参照）。

エンドニーズエネルギーを再生可能エネルギーによって賄うということも省エネになります。先ほどのBさんの回答（風を通して冷房エネルギーを削減する）がこれに当たりますが、これは「熱（冷熱）」というエンドニーズエネルギーをエアコンから出てくる冷風ではなく、自然の風で賄おうとするものです。

Cさんの「効率のよいエアコンを選ぶ」という答えは、エンドニーズエネルギー（必要になる冷熱の量）を減らせていません。もちろんこの行動も省エネになるわけですが、エンドニーズエネルギーの量はそのままで、電気の消費量を削減しようという発想です。

建物に工夫する〜パッシブデザイン〜

パッシブデザインとは、建物のあり方そのものをしっかりと考え、建物の周りにある太陽・風・地熱といった再生可能エネルギーをうまく活用したり調整したりすることで、質の高い暖かさ・涼しさ・明るさを実現させ、同時に省エネになることを目指す設計手法のことであり、最近になって大きな注目を集めるようになってきました。ちなみにパッシブ（passive）というのは「受動的な」という意味で、太陽・風などをうまく"受動"する建物にしようとする発想です。一方で設備機器を使って暖かさや涼しさを得る方法をアクティブ（active）と表現したりします。

省エネだけを目指すのであれば、たとえば太陽光発電は非常に有効です。しかし太陽光発電をつけたからといって「暖かさ・涼しさ・明るさ（エンドニーズ）」の質は向上しません。太陽光発電は単なる発電装置ですから当然です。また暖房機器を使えば「暖かさ」は得られますが、そこではエネルギーが消費されてしまいます。

しかしパッシブデザインは"建物そのもの"に様々な工夫を凝らすこ

パッシブデザイン "あり"	パッシブデザイン "なし"
・暖かさ、涼しさ、明るさの質が高く、機械設備に頼らなくても暮らしやすい。 ・大幅に暖房、冷房、照明のエネルギー消費量が少なくなるベースができる。	・機械設備で強引に暖かさ、涼しさ、明るさをつくるので、その質は高くない。 ・設備に頼った省エネになる。大幅に省エネするには、大容量の太陽光発電が必要になる。

図12　パッシブデザインのWメリット

とで「暖かさ・涼しさ・明るさ」を実現させようとします。それがうまくいけば、暖房・冷房・照明に使うエネルギー消費量は減ります。しかも"建物そのもの"への工夫によって得られる「暖かさ・涼しさ・明るさ」の質は、機械設備によって得られる「暖かさ・涼しさ・明るさ」の質よりも高くなるので、先ほど述べたエンドニーズを満足させながら省エネにつなげることになります。この"Wメリット"に気がつき始めた人が多くなって、パッシブデザインが注目されているわけです（図12）。

　1985アクションがパッシブデザインを軸に家庭の省エネを進めていこうとしているのは、これが理由です。目指している「小さなエネルギーで豊かに暮らせる住まい」における"豊かに暮らせる"の部分を大きく担うのがパッシブデザインというわけです。

冬の暖かさを実現するパッシブデザイン～冬のパッシブ～

　建物の工夫によって冬の住まいを暖かくしようとするとき、次の2つが何よりの基本になります（図13）。これがうまく実現できれば、当然ながら暖房エネルギーは削減されます。

①建物の中にある熱ができるだけ逃げないようにする（保温性を高める）
②窓からできるだけたくさんの日射を入れる（日射取得に工夫する）

第3章　家庭の省エネを進める具体的な方法　35

①を実現させるための具体的な手法は「断熱」と「気密」です。冬寒くなる地域であれば、とくにしっかりと断熱と気密を考えます。関東以南であっても冬は十分に寒くなるので、一定の断熱性能（＋気密性能）は必要です。

　②を実現させるためには「南面の窓を大きく取る」「日射を通しやすい窓ガラスにする」というところがポイントになります。

　ただし、窓は壁に比べると断熱性能が低いので、単純に窓を大きく取ると建物全体の断熱性能が低くなってしまいます。全体のバランスを考えながら南側の窓を増やすことを考えないといけません。また南側の隣家や山によって冬の日射が遮られてしまうのであれば、南面に窓を大きく取るのは賢い方法だと言えなくなります（図14）。さらに、日射を通しやすい窓は断熱性能が低くなる傾向にあるので、こうした矛盾をうま

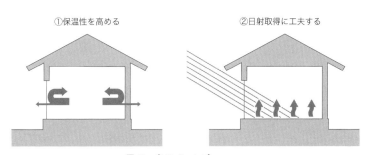

図13　冬のパッシブ

冬の日当たりの状況を
シミュレーションしながら
日射取得の工夫を考えて
いきます

図14　冬の日当たりを確認する

く解決することを考えないといけません。

　このようにパッシブデザインは単純ではありません。様々な知識を持って理論的に考えながら"最良の落としどころ"を見つけていく作業になります。でも、このあたりのコツがわかってくると、パッシブデザインを進めていくことがとても楽しくなっていきます。

夏の涼しさを実現するパッシブデザイン〜夏のパッシブ〜

　賢く冷房エネルギーを削減する「夏のパッシブ」の基本は2つあって、次の内容になります（図15）。
①できるかぎり建物に日射熱を入れない（日射遮へいをしっかり考える）
②風通しをよくする（通風に工夫する）

　①における最大のポイントは窓です。窓から入る日射を抑えないと"夏涼しく"は決して実現できません。②の風通しについては「家づくりのプロであれば誰でも考えているのでは？」と思うかもしれませんが、一般的なプロが知らない通風の工夫がたくさんあります。

　ここで述べておきたいのは、断熱と夏との関係です。少し専門的になりますが、大事な話なので丁寧に説明します。

　屋根や壁の断熱性を高めることで、夏の日中は外の熱が入りにくくなります。これは断熱化によるメリットです。

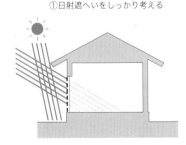
①日射遮へいをしっかり考える

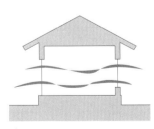
②通風に工夫する

図15　夏のパッシブ

しかし、断熱性を高めることは保温性を高めることにもなり、熱が建物にこもりやすくなります。これは断熱化によるデメリットです。建物を高断熱化していくと、このメリットとデメリットの戦いが起きます。そして「どちらかが勝つか?」を決めるのが「窓の日除け(窓の日射遮へい)」と「風通し」です。この2つをしっかりやるほど、断熱化のメリットが勝って、涼しい家になります。逆に言えば、この2つが不十分であれば、高断熱化するほど暑い家になってしまうということです(とくに夕方以降に部屋の温度が下がりにくくなって暑いと感じる)。

冬と夏の矛盾はまだあって、先ほど冬では「窓ガラスは日射を通しやすいものがよい」と述べましたが、夏はまったく逆になります。また軒や庇を出すことは日射遮へいに有効ですが、夏に効くからと無頓着に出しすぎてしまうと冬の日射取得が得られにくくなります。

先ほども述べたように、こうしたことを綿密に考えながら進めていくのがパッシブデザインであり、なかなかに奥が深いものです。でもパッシブデザインに成功すれば、確実に住み心地がよく、省エネになる住まいが実現できそうだということはわかっていただけるのではないかと思います。

明るさを実現するパッシブデザイン〜通年のパッシブ〜

窓から太陽光(日照)をうまく取り込み、取り込んだ光を建物全体に広げて、日中にできるだけ人工照明を点けないで済むことを目指すパッシブデザインです。明るさは1年を通して必要になるので「通年のパッシブ」と整理しています。

このときの基本は「LDKなどの居室は2面以上の壁に窓を設ける」「寝室や非居室は少なくともひとつは窓を設ける」ということです。

このことに加え、以下のような工夫があります。

■欄間に工夫する

　欄間をガラスにするなど光を通すものにすると、隣の部屋の光を届けることができます（図16）。また風が通るようにしておけば、風通しの向上にもなります。

■吹き抜けを設ける

　都会の密集地などでは「2階には日射が入るけど、1階は日当たりが悪い」という状況があります。そのときに吹き抜けを設けることで、2階の日射を1階に届けることができます（図17）。

■内装を白っぽくする

　白という色は光をよく反射するので、内装を白っぽくすることで部屋全体が明るくなります。ただ、落ち着いた空間にしたい部屋もあり、それぞれの部屋に求められる環境をよく考えて、この方法を採用するのが適切です。

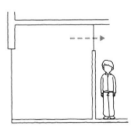

光を通す欄間（たとえばガラス）にすれば、隣の部屋に光を届けることができます。風も通せるようにすれば、さらにメリットが出ます。

図16　光を通す欄間を活用する

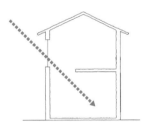

吹き抜けによって、2階から入った光を1階の奥まで届けることができます。

図17　吹き抜けを活用する

（参考：「パッシブデザイン講義」（一社）Forward to energy life）

断熱性能の向上はとても大きなメリットを生む

　先ほど冬のパッシブの基本で取り上げた「断熱」について、少し補足しておきます。

　とにかくここで言いたいのは「断熱性能の向上による冬の暖かさは、おそらくみなさんの想像を相当に超える」ということです。そもそも我が国の家は断熱性能が低く、ほとんどの人がそうした住まいで暮らした経験しかないので想像できないかもしれません。でも断熱の冬の効果は本当に抜群なのです。朝起きたときの暖かさが違うし、暖房を切っても暖かさがキープされるし、暖房していない部屋でも相当に暖かくなります。

　また関東以南の太平洋側の地域では「冬は晴れの日が多いし、あまり寒くないから断熱はそこそこでよい」と考えている人が多いですが（家づくりのプロでもそうです）、それは誤解です。確かに昼間は日射で暖かいでしょうが、断熱性能が低いと日が落ちてからどんどん家の温度は下がっていきます。「伝統的な家（土壁と昔ながらの木製の窓枠の家で、ほとんど断熱されていない）も暖かいから断熱材は不要」と考えるのも間違った認識です。私はそうした伝統的な造りの家が別の意味で好きですが、伝統的な家の造りとデザインに、うまく断熱を組み合わせる方法を考えてほしいと思います。

　しかし、こうして書けば書くほど「実際にどこまで断熱性能を確保すべきか？」という具体的な情報が知りたくなると思います。あくまで私の提案ですが、表3にその参考を挙げました。一般の方も、言葉はわからないかもしれませんが、この内容をプロに伝えてみてください。

　とくにリフォームでは、部位に注目して断熱性能の向上を行うことが合理的です。費用対効果が高いのは「内窓の設置」「天井に断熱材を敷き込む（夏にも効果がある）」であり、室温の向上と省エネに効果が高

表3　実現したい断熱性能の参考

	省エネ基準での表現	性能表示での表現
最低限確保したい断熱性能	H28年基準 （もしくはH11年基準）	H28年基準では「断熱等性能等級4」、H11年基準では「省エネルギー等級4」
新築や大規模リフォームするならぜひ実現してほしい断熱性能	H28年基準では「地域別U_A値の基準値の70％以下」、H11年基準では「地域別Q値の70％以下」	―

いのは「内窓の設置」「外壁に断熱する」となります。リフォームの規模や範囲、目的を考えながら、こうした情報を参考にしてください。

南面の窓を大きく取るべきかの判断

　もうひとつの「冬のパッシブ」の基本である日射取得について、少し詳しく述べます。

　どんな住まいでも、冬の晴れた日はカーテンを開けて日射を入れたほうが"得"です。でも先ほども述べたように、家づくりを考えるときには、南面に窓を大きく取ることが得になるかどうかを検討すべきです。

　「地域」によって判断が変わってくるのですが、その判断の参考になるのがPSP区分と呼ばれるものです（図18）。「い地域→ほ地域」に進むほどに、南面に窓を大きく取ることが有利になります。これでわかるように、太平洋側で南にある地域ほど有利になり、日本海側で北にある地域ほど不利です。大雑把に言うと、「は地域」「に地域」「ほ地域」であれば南面の窓を積極的に増やすことを考えてよいと思います。

　次は「建物の向き」です。日射取得したい窓を設ける南面が、南から離れると（目安は30°以内）日射取得量は落ちてしまいます（図19）。この範囲に入っていれば、南面の窓を大きく取ればよいという判断になります。

第3章　家庭の省エネを進める具体的な方法　　41

図18 PSP区分
(出典：(財)建築環境・省エネルギー機構「自立循環型住宅への設計ガイドライン」)

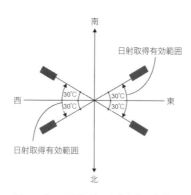

図19 冬の日射取得に有効な窓の方位

先ほど述べた「南側の隣家や山で冬の日射が遮られない」という条件もあわせ、地域も建物の向きもOKなら、「南面の窓面積を日射が入る部屋の床面積の20％にすること」を目指してください。

断熱性と蓄熱性を日射取得に組み合わせる

　先に挙げた「確保したい断熱性能」となっている住まいで、南面の窓を大きく取って日射取得をすれば、日中の室温は25℃くらいになります。こうした住まいに「蓄熱性」を加えれば、室温が安定して朝方の室温もさらに高くなり、「晴れた日は、次の日の朝まで無暖房」が実現できる可能性が出てきます。

　ただし、蓄熱までの意識を持って家づくりをしている会社はまだ少ないですし、一般的な造りの木造住宅は蓄熱性能が低く、かなり思い切ったことをしないと十分に蓄熱性能を上げることはできません。そんなこともあって、パッシブデザインを意識した蓄熱性能の高い木造住宅はまだごく少数です。そんな中で一般的に行われている方法は、1階の床を

写真1　一般的な蓄熱性能を上げる方法
蓄熱性が高いコンクリートが厚く打ってあります。

第3章　家庭の省エネを進める具体的な方法

コンクリート土間にするというものです（写真1）。また伝統的な土壁の家は、実は蓄熱性能が高く、その蓄熱性を活かす「伝統的な家の外張り断熱リフォーム」は非常におもしろいと思います。

夏の基本、日射遮へいのポイント

先ほども述べたように、日射遮へいでもっとも重要な場所は「窓」ですが、そのときにぜひ知っておいてほしいのが「窓の外で日射を遮るのが圧倒的に効果的」ということです。「日除けは窓の外でしよう！」という標語を覚えておいてください。

以下のように日射遮へいの工夫もいろいろあります。この中でも、とくに最初に挙げている外付けブラインドやルーバー雨戸は効果的であり、私はこれらを"夏のパッシブの最強装置"と呼んでいます。

■外付けブラインドやルーバー雨戸をつける

一般的な外付けブラインドやルーバー雨戸は、羽根（ルーバー）の角度が調節できるようになっています（写真2）。これがポイントで、うまくルーバーの角度を調節することによって、日中は「しっかり日除けをしながら風を通す」、夜は「風を通しながら外からの視線を遮る」という様々なメリットがあります。"パッシブな暮らし"を意識しながらこうした装置を使いこなせば、エアコンに頼らずに済む時間が大幅に増えます。日射遮蔽効果は次にご紹介する「シェード」と大きく変わりませんが（すだれやよしずも同等）、シェードは「しっかり日除けをしながら風を通す」「風を通しながら外からの視線を遮る」といったメリットは得にくいものです。

■シェードをつける

すだれやよしずは"モダンな（現代風の）外観"には似合いません。

そうした外観の住まいなら先に挙げた「外付けブラインド」や「シェード」をつけるのがよいと思います（写真3）。

この項の冒頭に述べたように、基本は「日除けは窓の外でしよう！」ですので、外付けブラインド、ルーバー雨戸、すだれ、よしず、シェードがこの条件に当てはまります。これらの特徴を知って、窓によってうまく使い分けてほしいと思います。

■ **軒を出し、庇をつける**

軒というのはとても優れたものです。日差しを遮り、雨が壁に当たるのを防ぎ、雨が窓に入るのを防いでくれます。最近は軒がなかったり、とても短かい家が増えてきたように感じますが、夏が暑く、雨が多い我が国の気候に対応する先人の知恵を捨ててしまうのは残念です。また庇も同じ効果がありますし、ベランダは庇の機能を持っています。

とくに南面は夏の太陽高度が高いため、それほど長く伸ばさなくても、南面に設けた軒や庇は日射遮へいの効果が得られます。

写真2　ルーバー雨戸

写真3　シェード（写真提供：㈱LIXIL）

■ ガラスの種類を考える

　断熱効果の高い LOW-E ガラスには「日射取得型」と「日射遮へい型」があり、夏対策としては日射遮へい型のほうが有利です。ただし、このガラスにするだけでは日射遮へいは不十分です。このガラスに庇と内付ブラインド（室内側につけるブラインド）や障子を組み合わせるようにしてください。また日射遮へい型のガラスにすると冬の日射取得が不利になります。とくに冬の日射取得に有効な南面の窓を LOW-E ガラスにする場合は、日射取得型のガラスを選び、窓の外側に「外付けブラインド、ルーバー雨戸、すだれ」などを設置して、夏はこれで日差しを遮り、冬はこれを使わずに日射取得をするのがもっとも賢い方法です。

■ 日射を反射しやすい屋根や外壁の仕上げにする

　夏の日射が当たると、黒い色の車はやけどするくらいに熱くなります。これは黒という色が日射を吸収しやすいからです。逆に白や銀は日射を吸収しにくい色です。この理屈から、屋根を銀色の素材にしたり（代表的なものはガルバリウム鋼板）、外壁の色を白っぽくしたりすることで、屋根や外壁に吸収される日射熱を少なくすることができます。また最近では「遮熱塗料」というものが普及してきているので、屋根や外壁を少し濃い色にしたい場合は、この遮熱塗料を使うというのもよい方法です。

■ 庭に木を植える

　これは植物の葉によって、窓や外壁に当たる日射を防ごうとする工夫です。落葉広葉樹は「夏は葉が茂って日射を防ぎ、冬は葉が落ちて日射を通過させる」といった機能があり、窓近くに落葉広葉樹を植えるというのは賢い方法です。

通風性能を上げる工夫はおもしろい

　パッシブデザインの具体的な解説はこれで最後になります。読んでいただければわかるように、パッシブデザインというのは"うまくいく確率を上げる"ということに真剣になって取り組むものです。とくに風通しをよくするためのパッシブデザインは、そのことがよくわかる内容です。

■建物の4面のどこから風が吹いてきても、居室に風が通るように

　後に述べるように、地域によって「風がよく吹く向き（卓越風向）」がありますが、所詮風は気まぐれなので、何より重要なのは「風向きに限らず、風が通るようにしておく」という工夫です。間取りによってはそれがなかなか難しい場合もありますが、後でご紹介する「ウィンドキャッチャー」をうまく使うことで解決できる場合もあります。

■一定に風が通る大きさの窓を設ける

　風が通る量は窓が大きいほど増えるので、窓を大きく取ったほうが風通しには有利になります。しかし、窓を大きく取るほど熱が逃げやすくなって、日射がない冬の日中や夜には不利になり、また日射もたくさん入るようになって、結果的に夏が不利になることもあります。だから「ちょうどいい大きさの窓（一定に風が通る大きさの窓）」を設けるのがよいわけです。

　平成28年省エネ基準には「部屋の広さに対して、どれくらいの大きさの窓を設ければ、どれくらい風が通る」という情報があります。計算による方法がもっとも正確なのですが、簡易的には「部屋の床面積の約0.03倍以上の大きさの風が通る窓を、部屋の2面に設ける」というのが最低限の目安です。

第3章　家庭の省エネを進める具体的な方法　47

写真 4　高窓

■ 高窓を設ける

　最上階のできるだけ高いところに設けるのが「高窓」です。「高窓」はこの部分に溜まった熱を排出させる効果がとても高く、お勧めしたい工夫です（写真 4）。

■ ウィンドキャッチャーを設ける

　壁に平行に吹いてきた風をつかまえて部屋に入れてくれるのがウィンドキャッチャーです。先ほども述べた「窓がない方向からの風を入れる」という工夫にも使えますし、風が通る量も増えます（写真 5、図 20）。

■ 立体通風を考える

　風は同じ階の窓を通るだけではなく、階段室や吹き抜けを通じて"立体的"にも通ります。このことを考えて、うまく窓の配置を考えます（図 21）。

写真5 窓を利用したウィンドキャッチャー

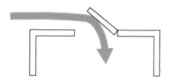

図20 ウィンドキャッチャーの概念図

図21 立体通風の概念図

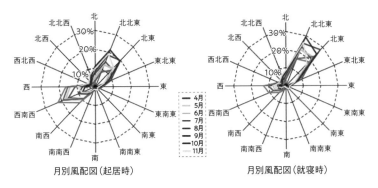

図22 卓越風向のデータ（出典：（財）建築環境・省エネルギー機構ホームページ）

■ **卓越風向の情報を参考にする**

図22のように、地域によっては卓越風向のデータを入手することができます。これを参考に、LDKなどは「起居時」の卓越風向を、寝室などは「就寝時」の卓越風向を見ながら窓の配置を考えることで、風が通る確率を上げることができます。

太陽や風とうまく付き合う暮らし方をする
~パッシブな暮らし~

ここまで述べてきたパッシブデザインは、暖かさ・涼しさ・明るさを得るために「建物に備えるもの」を考えるというプロ（設計者）の作業ですが、住まい手の暮らしの工夫によっても「暖かさ・涼しさ・明るさ」は得られます。言い方を換えれば、先ほど挙げたパッシブデザインが目指すものが「暮らし方（パッシブな暮らし）」によっても実現できるということになります。

では実際に挙げてみましょう。読んでいただければわかるように、パッシブな暮らしは「窓」が大きなポイントになります。

■ **断熱**

　カーテンを厚手のものにして、裾を床まで伸ばす。雨戸やシャッターを閉める。障子を閉める。市販の断熱スクリーンを窓につける。内窓をつけて2重窓にする。こうした工夫によって窓の断熱性が上がります。少し費用はかかりますが、この中でもっともオススメなのは内窓です。

■ **日射遮へい**

　p.44でも述べたように「日除けは窓の外でしよう！」ですので、「すだれをかける」「緑のカーテンをつくる」といった工夫がとても有効です。あと、オーニング（写真6）は「夏には出して日射遮へいして、冬にはしまって日射取得する」ということができる優れものです。

　もちろん新築やリフォームの際に外付けブラインドやシェードをつけたのであれば、それを適切に使わなければもったいないです。

■ **通風**

　夏には夜を中心に涼しい風を採り入れることで、涼しさを得ることができます。日射遮へいとともに、この行動による効果は住まい手の意識

写真6　オーニング

第3章　家庭の省エネを進める具体的な方法　　51

によって決まるので、"パッシブな暮らし"においてとても重要になります。

■ 昼光利用

カーテンやブラインドなどを開けて太陽の光を入れることも「パッシブな暮らし」に含まれます。

■ 日射熱利用暖房

冬の晴れた日にはカーテンやブラインドを開け、日射熱を取り込むことで、効果の程度は別にして、間違いなく暖房エネルギーを減らすことになります。

きちんとパッシブデザインが考えられた建物であれば、こうした「パッシブな暮らし」によって相当なレベルまで「暖かい・涼しい・明るい」が実現できます。そうではない建物であっても、パッシブな暮らしはエンドニーズエネルギー（熱・光・風）を削減したり、エンドニーズエネルギーを再生可能エネルギー（太陽や自然の風）によって賄えることは間違いありません。

省エネという意味では設備機器の選択や使い方も大事ですが、パッシブデザインやパッシブな暮らしは、そもそも設備に頼らずに（左右されずに）暖かさ・涼しさ・明るさを獲得できるものです。新築やリフォームするときは、設備機器の選択より先に、パッシブデザインをしっかり考えてください。また、いまの住まいが"普通"であっても、パッシブな暮らしを実行することが大切です。こうした意識を持って住まいをつくり、暮らし方に工夫する人が増えていけば、家の住み心地が向上しながら、我が国の家庭部門の省エネは一気に進んでいくと思います。

暖涼感と快適・健康

　ここまで繰り返し「省エネを考えるときは、設備機器からではなく、まずパッシブデザインやパッシブな暮らしを考えよう」と述べてきました。この主張は私が"住宅系"の仕事をしているから言っているのではなく、家庭の省エネについて広く、深く考えてきて得た結論です。真面目に家庭の省エネを考える人であれば、どんな人も同じ結論に至るはずです。

　なぜパッシブデザインやパッシブな暮らしを、まず考えるべきか？それは快適・健康と省エネが両方とも得られるからです。ほんの少しの例外を除き、機械設備では本質的な快適・健康は得られません。機械設備を省エネ化する実際的なメリットは「光熱費が安くなる」ということですが、このことよりも「住み心地がよくなったなあ」と感じるほうが満足感は高いはずです。またパッシブデザインやパッシブな暮らしは光熱費も安くするので、2つのメリットが得られるわけです。

　「パッシブデザインとパッシブな暮らし」を解説してきた最後に、それによって得られる「快適（住み心地）・健康」について少し詳しく解説しようと思います。

■暖涼感の高い住まいの条件

　「快適」という言葉は意味が広いので、暖かい・涼しいを指す「暖涼感」という言葉をここでは使います。

　暖涼感が高い（暖涼感に優れる）住まいとは、次のような住まいです。
・LDK などの居室（滞在時間が長い部屋）の室温が適切で、室温のムラが小さい
・居室において温風や冷風を感じなくても暖かく、涼しい
・（すべての部屋で）壁・床・天井・窓の表面温度が冬は高く、夏は低い

第3章　家庭の省エネを進める具体的な方法　　53

・非居室（廊下、脱衣室など）でも一定の暖かさや涼しさがある

　こうした住まいはまさに「パッシブデザインやパッシブな暮らし」によって実現されるものです。こうした工夫が不十分だと、いくら暖房や冷房をガンガンかけても、暖涼感が高い住まいにはなりません。逆にパッシブデザインやパッシブな暮らしを実現させることによって、冷暖房する時間が減り、しかも冷暖房するときにも"柔らかな冷暖房"で高い暖涼感を得ることができます。

■ 健康的な住まいの条件

・非居室でも一定以上の暖かさがあることで（居室と非居室の温度差が小さいことで）、ヒートショックを防ぐ
・居室が一定以上に寒くならないことで、様々な疾病の発症が少なくなる
・居室が一定以上に暑くならないことで、家の中での熱中症を防ぐ

　ここでとくに注目されるのは「居室が一定以上に寒くならないことで、様々な疾病の発症が少なくなる」という話です。これは最近になって発表された研究報告によって明らかになってきました（図23）。「居室が

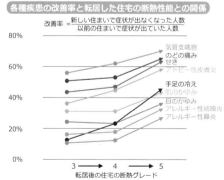

たとえば気管支喘息であれば、転居前の住まいでその症状が出ていた人のうち、断熱グレードが3の住まいに転居した人の60％弱が「症状が出なくなった」と回答していることになります。ほぼすべての疾患において、断熱グレードが向上するほど改善率が上がっています。

グレード3＝Q値4.2（新省エネ基準レベル）、グレード4＝Q値2.7（次世代省エネ基準レベル）、グレード5＝Q値1.9

図23　断熱性能と疾病に関する研究報告
（出典：断熱.COMホームページ、資料提供：近畿大学　岩前篤教授）

一定以上に寒くならないこと」は暖房によってもある程度実現できますが、そもそも室温が低くなってしまう住まいではガンガン暖房して室温を高く保つことになります。それには抵抗感がある人が多く、やはり建物や暮らし方の工夫で一定以上に室温を高く保つことが必要になります。

次にヒートショックとは、「暖房している暖かい部屋→寒い脱衣室→（服を脱いだ状態で）寒い浴室→入浴」という動きをすることで血圧が激しく変化し、脳疾患や心疾患を引き起こすことを指した言葉です。ヒートショックによって全国で1年間に約17,000人が亡くなっていると予測されており、あまり知られていないものの実は重大な死亡原因になっています（図24）。

ヒートショックの予防は、暖房している部屋と脱衣室や浴室との温度差を小さくすることが重要であり、断熱を中心としたパッシブデザインによってそれが実現できるわけです。もちろん暖房によって入浴前に脱衣室を暖めておいたり、浴槽のフタを事前に開けておくといった工夫もヒートショックの予防につながりますが、そもそもヒートショックの危険性を知らない人（とても多いです）は、そうした予防策を取ろうとはしませんし、危険性を知っている人であっても、つい忘れたり面倒でや

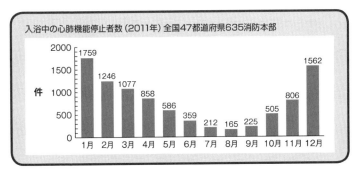

図24　ヒートショックに関連が深い、入浴中の心肺機能停止者数
（出典：東京都健康長寿医療センター研究所ホームページ）

めたりする可能性があります。やはりヒートショック対策としてもっとも確実なのは「建物の工夫で温度差を小さくする」ということです。

　また日本全体で夏が熱暑になってきたことで、家の中で熱中症になるという問題が大きく取り上げられるようになりました。この問題を防ぐためには「エアコンをかけなくても一定以下に室温が保たれる」ということが重要になり、日射遮へいや通風といった工夫が威力を発揮します。

　このように、パッシブデザインやパッシブな暮らしは、暖涼感を高め、健康の保持に寄与することがわかります。そして省エネにもなるわけで、私が「省エネを考えるときは、設備機器からではなく、まずパッシブデザインやパッシブな暮らしを考えよう」と強調する理由がわかっていただけたのではないでしょうか。

2 省エネにつながる設備機器

電気、ガス、灯油などの比較

　パッシブデザインの話はこれくらいにしておいて、次に設備機器の省エネについて述べたいと思います。そこでまずは、私たちが実際に使うエネルギーである電気、ガス（都市ガスとプロパンガス）、灯油などの特徴を整理し、このうちのどれがエコか？（省エネになるか？）という視点で話を進めます。なお、電気・ガス・灯油などの私たちが実際に使うエネルギーのことを「二次エネルギー」と呼ぶので、ここからその表現をすることにします（p.24 参照）。

　まずそれぞれの二次エネルギーのつくり方について簡単に述べます。電気は誰もが知っているように、発電所でつくられます。一般的な発電所では熱源によって高温の水蒸気を発生させ、タービンを回して電磁誘導の原理によって電気を発生させます。その熱源には石油、天然ガス、石炭、核燃料が使われます。まだ一般的ではないですが、バイオマス発電の原理も同じです。太陽光発電設備では特殊な材料によって太陽光のエネルギーを電気に変えます。風力発電は回転のエネルギーを電気に変換するというシンプルな原理です。他にもいろいろありますが、ここでは割愛します。

　都市ガスは自然から採取された天然ガスをそのまま使っていると考えてよく、LP ガスは油田や天然ガス田の採取時に付随してくるガスを分離・抽出したり、原油を精製することで得られます。灯油も原油の精製から得られます。ざっくりと言えば、これらのエネルギーはほぼ自然界に存在する状態に近い状態で使われるということです。

第 3 章　家庭の省エネを進める具体的な方法　　57

それに対し電気は、それをつくるときに別のエネルギー資源が必要となります。2015年時点では発電量の90%近くが火力発電所によるものなので、「電気は化石燃料資源を燃焼させてつくられている」と言えます。このことがとくに、熱を発生させる設備機器で使う二次エネルギーの評価に関わってきます。

　普通の家庭において電気のみを使っている場面としては「照明を点ける」「家電や換気扇を動かす」「エアコンで冷房する」が挙げられます。つまり照明、家電、換気、冷房といった用途では電気が不可欠であるわけです。ですので、この4つの用途において「電気、ガス、灯油の中で何を使うのがエコか？」という議論は無意味です。

　ではこの4つの用途以外に何があるかと言えば暖房、給湯、調理（コンロ）です。これらはすべて「熱」が必要となる用途です。そして実際にこれらの用途の設備機器はすべての二次エネルギー（電気・ガス・灯油）を使う製品があるので、この用途においては「電気、ガス、灯油の中で何を使うのがエコか？」という議論には意味があります。したがって、この用途において議論してみます。

　結論から言えば「（電気ではなく）ガスか灯油を使うのがエコ」となります。なぜなら、先ほど述べたように、電気は化石燃料資源を燃焼させてつくられており、そのときに化石燃料資源の燃焼で発生する熱エネルギーの一部しか電気エネルギーにならず、他の熱エネルギーは捨てられるからです。つまり、電気を使って熱を発生させるということは「熱→電気→熱」というプロセスで無駄に化石燃料資源が燃やされる分が出てくるわけで、電気を消費する場合の一次エネルギー消費量（化石燃料資源の消費量）は増えます（図25）。それなら最初から化石燃料資源とほぼ同様のガスや灯油を"現場で"燃やして熱を得たほうが合理的ということです。

　しかしややこしいことに、エアコンとエコキュートはこの話に当てはまりません。エアコンやエコキュートは「ヒートポンプ」という原理で

熱を発生させる設備機器なのですが、このヒートポンプは「投入する電気エネルギーよりも多くの熱エネルギーを発生させることができる」というおもしろい原理なのです（図26）。優秀なエアコンやエコキュートであれば、捨てられてしまった化石燃料資源を取り返してお釣りが来るほどにエコ（省エネ）になります（図27）。

なおIH調理器は電気を使った一般的な熱発生の仕組み（たとえば電気ストーブ）とは違いますが、やはりガスや灯油のコンロのほうがエコ

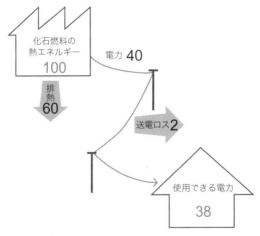

図25　電気のエネルギーロス
（出典：野池政宏・米谷良章『本当にすごいエコ住宅をつくる方法』）

図26　ヒートポンプの原理

第3章　家庭の省エネを進める具体的な方法　　59

図27 優秀なヒートポンプであればエコになる

効率のよいヒートポンプであれば、100の化石燃料から100以上の熱エネルギーが得られることになり、省エネルギーにつながります。

（省エネ）であると言ってよいと思います。

以上の議論でわかるように、「オール電化は環境にやさしい」という宣伝文句は誤解を招く表現であり、「オール電化はヒートポンプを最大限に活用するという前提で環境にやさしい」と言うべきです。

また"エコ"という視点で言えば、二次エネルギー別の二酸化炭素排出量の違いも見ておいたほうが良いでしょう（表4）。この表は「同じだけの熱量（1MJ）を発生させたときに排出される二酸化炭素の量」を示しています。都市ガス・LPガス・灯油の中では、灯油がもっとも多く排出されることがわかります。なお、電気がこれらの二次エネルギーに比べて多くなっているのは、先ほども述べたように、我々が電気ストーブで熱を発生させたとき、その熱量の3倍ほどの化石燃料が発電所では使われてしまうからです。

表4　二次エネルギー別の二酸化炭素排出係数

	二酸化炭素排出係数 (kg – CO_2／MJ)
電気（2013年）	0.177
電気（2010年）	0.132
都市ガス	0.0498
LPガス	0.0591
灯油	0.0678

電気は発電方法によって評価が変わる

　ここまでの話は、執筆時（2017年頃）の発電方法の実態に基づいたものです。今後、発電方法のバランスが変わり、再生可能エネルギーによる発電量が増えていけば、電気とそれ以外（ガスや灯油）の立場は逆転するかもしれませんし、エアコンやエコキュートはますます省エネ性が高い設備機器となります。

　2015年春、国（資源エネルギー庁）から2030年の電源構成の原案が提示されました。6月に開催されるG7において我が国の温室効果ガスの削減目標を発表しなければならず、電源構成はそれを決めるベースになるからです。それによると、原子力発電は全発電量の20％〜22％程度、再生可能エネルギー発電は全発電量の22〜24％程度となっています。

　これをどう見るかには様々な意見があるでしょうが、私は原子力発電の割合が多すぎることと再生可能エネルギー発電の割合が少なすぎることに疑問を持ちます。ですので、このような計画で進むのであれば、やはり「徹底した省エネ＋できるだけ電気を使わない」というスタンスを自分の家でも実践しながら、そのスタンスで進もうということを社会にも訴え続けようと思います。

太陽光発電と太陽熱給湯

　暖房設備や給湯設備の話に移る前に、自然エネルギー（再生可能エネルギー）を利用した設備機器について述べておきます。

　すでに少し触れたように、太陽光発電は固定価格買取制度によって設置する家庭が大幅に増えました。太陽光発電はもっとも簡単に家庭に設置でき、一定の発電量が得られる再生可能エネルギー発電装置です。そ

うした優位性によって、国は補助金制度や固定価格買取制度を推進してきたわけです。国全体で太陽光発電の設置量が増えるのはとても喜ばしいことですので、国の施策も含め、国民全体で長期的な視点を持って太陽光発電を増やすことを考えたいところです。

　太陽光発電がこれほどまでに注目される理由のひとつに「電気をつくる」というところが挙げられます。電気はとても便利な二次エネルギーだからです。オール電化住宅があることからもわかるように、電気さえあれば家庭生活は成立します。しかし、もうひとつの優れた省エネ設備である太陽熱給湯が太陽光発電ほど注目されず、国などからの優遇策も少なく、普及が進んでいないのは残念です。

　太陽熱給湯は特殊な材料を使うことなく、給湯に必要な二次エネルギーを大幅に削減するシンプルな装置です。太陽熱給湯には大きく二つのタイプがあって、ひとつは「太陽熱温水器」と呼ばれ、屋根の集熱パネルと貯湯槽が一体になったもの。もうひとつは「ソーラーシステム」と呼ばれ、屋根には集熱パネルのみで、貯湯槽が別になっているものです（写真7、8）。

写真7　太陽熱温水器
屋根の集熱パネルと貯湯槽が一体になっている。シンプルで価格もお手頃。省エネ効果も非常に高い。ただし、凍結の心配があるところには不向き。デザインも少々すっきりしないものが多い。

写真8　ソーラーシステム
貯湯槽は別なのですっきりしたデザインになるし、屋根への負担も小さい。太陽熱温水器に比べるとお金はかかる。省エネ効果は太陽熱給湯と同じくらい。

私の自宅にも、2010年頃に行ったリフォーム時に太陽熱温水器を設置しましたが、蛇口をひねると熱いお湯が出てくることに感激します。太陽光発電と違って（私の自宅に太陽光発電はありませんが）、お湯という体感できるものが得られるところがよいと思います。

　いずれにせよ、どちらの設備も省エネに大きく寄与するものであり、光熱費が削減されることで20年もかからずに投資金額の元が取れます。ぜひ設置を検討してみてください。

暖房設備と省エネ

　ここからは「省エネルギー」という視点で暖房、給湯、換気、照明の用途に使われる設備機器について述べていきます。

　暖房設備については、p.58でも解説したように、電気をそのまま使って発熱させる暖房設備（エアコン以外の電気を使う暖房設備）は一次エネルギー消費量が多くなるので避けたいものです。とくに電気式の床暖房や蓄熱暖房器はそもそも主暖房として使われることを前提としているので、使用時間も長くなり、電力消費量がとても多くなります（したがって、一次エネルギー消費量も多くなります）。また案外よく使われている電気カーペットも使用時間が長くなる傾向にあり、電力消費量が多くなっている家庭が多いので注意が必要です。また電気ストーブやオイルヒーターのような小さな機器であっても、使用時間が長くならないように注意して使うように心がけることがポイントです。

　こたつも電気をそのまま使って発熱させるものですが、小さな空間だけを暖めるので発熱量（＝消費電力）が電気ストーブやオイルヒーターの半分以下であり、うまく使えば省エネになります。

　エアコンはその効率がAPF（年間エネルギー消費効率）や星の数で表示されているので、それを参考にして効率がよいものを選びましょう。またエアコンのカタログなどに表示されている「畳数の目安」は、断熱

第3章　家庭の省エネを進める具体的な方法　63

性が低い建物を想定しているので、一定の断熱性があるような住宅であれば、実際の畳数よりも畳数の目安をひとつかふたつ小さくして選ぶようにしてください。そうしたほうがエアコンの効率がよくなります。

p.24 でも述べたように、「一次エネルギー消費量＝化石燃料の消費量」であり、薪ストーブはいくら使っても化石燃料が消費されることにはならないので、もっとも省エネな暖房設備と言えます。そういう意味で木質ペレットストーブも省エネ性が高い暖房設備ですが、ペレットを製造するときに電気が使われることや、ファンがついているものであればファンを回すことによる電力消費量によって、「一次エネルギー消費量がゼロではない」と考えたほうがよさそうです。ただ一次エネルギー消費量が少ない暖房設備であることは間違いありません。

石油やガスのファンヒーターは平均的な省エネ性能（一次エネルギー消費量）である暖房設備です。

快適性の高い温水式の床暖房もなかなかの人気です。この方式の暖房を選ぶときの省エネ配慮上のポイントは「床の断熱性をしっかり上げる」「効率のよい給湯器を選ぶ」といったところです。この配慮がないと、温水式の床暖房は一次エネルギー消費量が多い暖房設備になってしまいます。

以上のことから、一般的な暖房設備の省エネ性のランクをつけてみる

表5　暖房設備の省エネランク

1位：薪ストーブ
2位：木質ペレットストーブ、こたつ
3位：効率のよいエアコン（比較的新しいエアコン）
4位：効率がそれほどよくないエアコン（2000年よりも前に購入したのがひとつの目安）、ガスや石油のファンヒーター、温水式床暖房（省エネ配慮）
5位：電気カーペット、電気ストーブ、オイルヒーター
6位：電気式床暖房、温水式床暖房（省エネ配慮なし）
7位：電気式蓄熱暖房機

と、表 5 のようになります。あくまでざっくりとした判断ですが、参考にしてください。

給湯設備と省エネ

給湯設備は「給湯器」「配管」「水栓」の 3 つで構成されています。これら 3 つの部位に対してそれぞれ省エネに向かう工夫がありますが、何より一次エネルギー消費量を左右するのが給湯器です。

その給湯器としては、先ほどご紹介した太陽熱給湯設備がもっとも省エネになります。ただ太陽熱給湯設備だけで 1 年中お湯を賄うことはできないので、一般的な二次エネルギー（電気、ガス、灯油）を使う給湯器が別に必要になります。このとき、太陽熱給湯設備と相性がよいのが、エコジョーズやエコフィールです。どちらも効率のよい潜熱回収型の瞬間式給湯器で、エコジョーズはガス用、エコフィールは灯油用の名称です。

逆にもっとも一次エネルギー消費量が多くなるのは、暖房と同じように「電気をそのまま使って発熱させる給湯器」である電気温水器です。新築やリフォーム時に電気温水器を選ぶことはまずないと思いますが、現在、電気温水器を使っているご家庭なら、ぜひ早い目にエコキュートに交換することを検討してください。p.59 で述べたように、エコキュートはヒートポンプを利用した給湯器であり、省エネ性能が高いものです（ただしお湯の消費量が少ない単身世帯などでは、エコジョーズやエコフィールが有利です）。

他には、発電しながらお湯をつくるコージェネレーションシステム（商品名としてはエコウィルやエネファーム）も給湯器の一種として挙げられます。このシステムの省エネ評価はなかなかに厄介で、一概に「これくらいの省エネになる」とは言いにくいものです。というのも、その家庭における電気やお湯の消費量の状況に合致していないと、うま

第 3 章　家庭の省エネを進める具体的な方法　　65

く省エネにつながらない場合もあるからです。基本的には電気もお湯もたくさん使う家庭に合っているようですが、しっかり情報を集めて、メリットがある程度明確であると判断できた場合に採用するという考え方がよいと思います。

　また最近では「ハイブリッド給湯器」と呼ばれるようなシステムも登場しています。電気のヒートポンプ給湯器と潜熱回収型ガス瞬間型給湯器を組み合わせ、それぞれの長所を活かし、短所を補うという考え方で開発されました。温水式床暖房を行う場合の給湯器の候補のひとつとして検討してみてはいかがでしょう。

　給湯器の話はこれくらいにして、配管や水栓、浴槽の話に移りましょう。配管での工夫としては、温水を流す配管にきちんと断熱をするのがポイントです。次に省エネにつながる水栓としては、「湯温設定ができる（自動混合水栓、写真9）」「瞬間的にお湯を止めることができる（手元止水スイッチ付シャワーヘッドなど、写真10）」「通常の使い方では、お湯ではなく水が出るようにしている（エコ水栓、写真11）」「少ない水量で洗浄力を確保する（小流量吐水）」といったものがあります。とくにこうした水栓はあまりお金がかからずに一定の省エネ効果があるのでお勧めします。さらに最近では、浴槽のお湯の温度低下を小さくする「高断熱浴槽」が一般的になってきました。

写真9　台所用自動混合水栓
（写真提供：TOTO㈱）

写真10　スイッチ付エコフル多機能シャワーと水栓本体
（写真提供：㈱LIXIL）

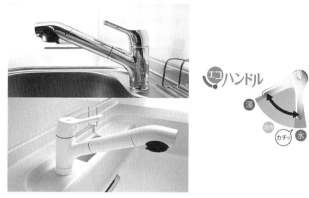

写真11 普通の使い方では水が出る水栓 (写真提供:㈱LIXIL)

換気設備や照明設備と省エネ

　換気設備には台所のレンジフード、トイレや浴室の換気扇といった「局所換気設備」と呼ばれるものと、建物全体を常に換気させる「24時間換気設備」と呼ばれるものがあります。とくに24時間換気設備は使用時間が長くなるので、エネルギー消費量(電力消費量)を大きく左右させます。新築時や大規模リフォーム時には効率のよい24時間換気設備を選択するようにしてください。

　ここで熱交換型換気扇のことにも触れておきましょう。熱交換型換気扇とは、熱の出入りを少なくできる換気扇のことです。つまり熱交換型換気扇は、暖房や冷房のエネルギー消費量を少なくしようとする発想のものだということです。ただし、熱交換型換気扇は一般的な換気扇よりも電力消費量が多いので、省エネになるかどうかは暖房や冷房のエネルギー消費量の削減分と電力消費量の増加分を比較して評価しなければいけません。このことを踏まえた上で、ほとんどの地域で冷房よりも暖房エネルギーの削減量のほうが多くなることを考えると、ある程度冬に寒

くなる地域において熱交換型換気扇の選択を考えるのが妥当だと思います。また熱交換型換気扇には全熱交換型と顕熱交換型の2種類があり、それによっても評価が変わります。このあたりを解説しようとすると詳細になりすぎるのでやめておきますが、できるだけ客観的な情報を集めて、熱交換型換気扇の導入や種類の選択を検討するようにしてください。

次は照明設備です。電球の中でもっともエコなのは、言うまでもなくLED電球です。消費電力も白熱電球の1／7程度になり、寿命がとても長いからです。ただ消費電力だけで比べると、LED電球と省エネ型蛍光ランプはそれほど変わりません。

電球以外の工夫としては、多灯分散照明、調光装置、人感センサーがあります。多灯分散照明とは、LDKにおいて電力消費量の少ない照明器具を分散的に設置して、照明のシーンに合わせて点灯するという照明方式です。また、とくに人感センサーは電球を消し忘れることが多い家庭では有効です。

家電や調理と省エネ

家電は家庭のエネルギー消費用途（暖房、冷房、給湯、換気、照明、家電、調理）の中でも一次エネルギー消費量が多いものです。家電の中でもとくに「冷蔵庫」「テレビ」「温水暖房便座」の電力消費量（一次エネルギー消費量）が多くなるので、この3つの家電をどうするかを考えることが重要になります。我が家でも数年前に冷蔵庫を買い換えましたが、電力消費量が2割ほど減りました。温水暖房便座は新築やリフォーム時に検討するものなので、そのタイミングを大事にして省エネにつながる機器を選ぶようにしてください。これらすべての機器は省エネラベルの表示が義務付けられているので、年間電力消費量や星の数を見て選択するのが適切です。

また家電の買い替え効果を見るには、環境省が監修してつくっている

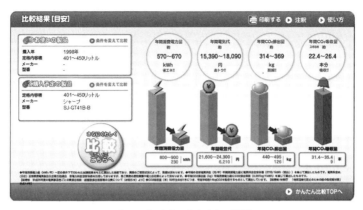

図28 「しんきゅうさん」の画面

「しんきゅうさん」というホームページがとても参考になります。いま使っている機器と買い替えを検討している機器を選ぶことで、電力消費量や電気代がどれくらい変わるかがわかるようになっています（図28）。画面も楽しいので、ぜひ一度操作してみてください。

設備機器を賢く使う

　これまではパッシブデザインや設備機器の選び方について述べてきましたが、もちろん、日常的な工夫として、設備機器を有効に使う（無駄遣いをなくす）ことも家庭の省エネにおいて重要です。基本的な考え方は「必要な場面で、必要なだけ設備機器を動かす」というところです。

　設備機器に頼らなくても、工夫しながら楽しんで省エネができる人は、その方向でどんどん省エネライフを進めて行ってください。また「省エネはしたいけど、できるだけ自然に、手間をかけずにやりたい」という人は、無駄遣いをなくす工夫がある設備機器をうまく使ってください。この2つの方法に優劣はありません。自分に合った方法で効果的に省

エネを進めていけばよいのです。では、以下にポイントを整理しながら、設備機器の有効な使い方について述べます。

■集まって暮らす

　家族ができるだけ同じ部屋で過ごすようにすることで「ひとつの設備機器を複数の家族で共有すること」になり、設備機器が有効に使われることになります。これによって暖房・冷房・照明・家電（テレビなど）といった多くの用途のエネルギー消費量を削減することができます。

■小まめな on-off

　家庭の省エネといえばまずこのことを思いつく人が多いと思います。無駄にテレビや照明がついているという場面は案外多く、小まめな on-off は省エネ行動における基本中の基本でしょう。照明の人感センサーなどは「ついうっかり」が多い人にはお勧めです。

■キッチンに関係した工夫

　エコ調理（省エネ調理）としては「電子レンジで野菜を下ごしらえする」「圧力鍋をうまく使う」「ご飯を炊飯器で保温せず、電子レンジで温める」「省エネ型の食器洗い乾燥器を使う」などが代表的なものです。また冷蔵庫の詰め込みをなくしたり、開閉時間を短くすることなども効果的です。

■お湯の無駄遣いをなくす

　家庭のエネルギー消費において給湯エネルギーが占める割合は多く、お湯の無駄遣いをなくす工夫は非常に重要です。設備機器に頼らないものとしては「連続して入浴する」という工夫が有効です。またお湯の無駄遣いをなくす設備機器としては、p.66 に述べた「自動混合水栓」「手元止水スイッチ付シャワーヘッド」「エコ水栓」「小流量吐水水栓」など

たくさんあります。

集合住宅における省エネ

　ここまでの話は一戸建て住宅を意識しながら書いてきましたが、集合住宅における省エネに触れておきたいと思います。

　集合住宅とひとくくりにできないのはもちろんですが、鉄筋コンクリート造のいわゆるマンションは暖房と冷房にかかるエネルギー消費量は一戸建て住宅より少ないはずです。とくに上下左右を隣戸に囲まれているマンションは、断熱性能が不十分でも冬に逃げていく熱も夏に入ってくる熱もかなり少なくなります（隣の人が住んでいることが条件ですが）。一方、断熱性能が低ければ最上階は夏が暑くなって、最下階は冬が寒くなります。

　分譲マンションで、ある程度のリフォームが可能なら、まずは大きな掃き出し窓に内窓をつけることを検討されたらいかがでしょう。大規模なリフォームをするなら、窓以外の場所に断熱材を入れることが有効です。すぐ前に書いたように、部屋の位置によって弱点が違ってくるので、その場所を強化するような断熱リフォームが合理的です。

　夏対策としては、窓の日射遮蔽をうまく考えてください。南面にベランダがあるようなマンションであれば、おそらく上の階のベランダが日射を遮る庇になっていて、その効果は高いはずです。あとはよしずを立てるなど、窓の外でできる日除けをうまく考えてみてください。よしずなどの工夫は、ベランダが南面以外の場合にとくに有効です。そんな工夫がどうしてもできない場合は、できるだけ白っぽい内付ブラインドをつけてください。また玄関ドアを開けて風を通すことができれば、すごく風通しがよくなるマンションが多いです。

　賃貸マンションは、残念ながらとくに冬対策がなかなか厳しいです。p.36 で述べたような窓周りの工夫を考えてください。夏対策は分譲マ

ンションの場合と変わりません。

　次は設備です。すぐ後の項にも述べているように、家電使用によるエ
ネルギー消費量の割合が多いのですが、これは一戸建て住宅も集合住宅
もできることは一緒です。できることが限られる集合住宅だからこそ、
家電の選び方や使い方に注力してください。

　電気温水器を使っている集合住宅の場合、可能であればエコキュート
に変えてください。これによる省エネ効果は絶大です。あとの設備は
これまでに書いてきたことを参考に、できるところから省エネにつながる
ものに変えていってほしいと思います。

地域別・用途別の一次エネルギー消費量

　ここまでに書いてきた内容は、すべて省エネにつながるものなので、
それぞれの家庭によって「できること」をうまく選んで実践してほしい
わけですが、実際にはその効果は異なります。そのことを理解しながら

表6　地域別・用途別一次エネルギー消費量

地域区分	1、2	3	4	5	6	7	8
主な地域	北海道	北東北	南東北、長野	新潟、北陸、北関東	南関東、東海、近畿、中国、四国、九州北部	九州南部	沖縄
暖房	60.3	31.7	24.8	20.5	15.4	7.9	0
冷房	0.5	0.8	1.5	1.6	3.9	4.7	9.2
給湯	21	21	21	21	21	21	21
照明	7.15	7.15	7.15	7.15	7.15	7.15	7.15
換気	1.2	1.2	1.2	1.2	1.2	1.2	1.2
家電	23.6	23.6	23.6	23.6	23.6	23.6	23.6
調理	3.9	3.9	3.9	3.9	3.9	3.9	3.9
合計	117.7	89.4	83.2	79	76.2	69.5	66.1

「できること」を選んだほうが効率的に省エネにつながることになります。

　その参考として、地域別・用途別の一次エネルギー消費量を見てみることにします（表6）。

　これは様々な資料を参考に、筆者が「地域別既存モデル」としてまとめたものです。あくまで参考ですが、実態としての一次エネルギー消費量を見る場合に便利です。なお、ここに示されている合計の一次エネルギー消費量は p.120 にある平均値におよそ近くなっています。

　この一覧から見えるポイントを挙げておきます。

・6 地域以南では、家電と給湯の割合が多くなる
・やはり寒い地域は暖房が多くなる
・6 地域〜 7 地域では、暖房の消費量が 3 位
・6 地域では、続いて照明、調理（コンロ）という順番になっている
・冷房は沖縄を除いてとても少なく、換気も少ない。

　したがって、全国共通に「給湯と家電のエネルギー消費量を減らすこと」がとても重要であり、そこでの工夫が全体のエネルギー消費量を減らす効果が高いと言えます。また寒い地域はもちろんのこと、沖縄を除く地域で暖房エネルギーを減らすことが効果的であることもわかります。

　詳しく述べてきたパッシブデザインは「暖房」「冷房」「照明」のエネルギー消費量を減らすことになるわけですが、とくに給湯と家電のこともしっかり考えていかないと家庭の省エネには成功しません。パッシブデザインを住まいに組み込むことはとても重要ですが、そこだけで止まってしまえば私たちが目指すべき「小さなエネルギーで豊かに暮らせる住まい」の実現には至らないわけです。

1985 家族に向かおう

　快適で健康的な住まいに暮らし、"いま"の一次エネルギー消費量と電力消費量に比べて半分になるような家（1985 家族）を増やしていく

第 3 章　家庭の省エネを進める具体的な方法　　73

のが 1985 アクションです。

　そこで大きなポイントになるのが「建物のあり方」です。新築やリフォームを行うときには「1985 地域アドバイザー拠点（p.88）」のような、しっかりした技術を持ったプロと相談しながら、パッシブデザインが組み込まれた家にしてください。またそのときには給湯エネルギーを減らす工夫を十分に考えてください。

　新築やリフォームの予定がない人は、買い替えのタイミングでしっかりと省エネになる機械設備を選ぶようにしてください（とくに給湯と家電関連）。また「パッシブな暮らし」をぜひぜひ実践し、その効果を実感してほしいと思います。

　第 4 章で紹介する地域アドバイザー拠点のスキルアップセミナーでは、その会社の人の自宅について暖涼環境やエネルギー消費量を自分で調べ、現状把握と今後の改善計画を立ててもらうのですが、そのときに現状のエネルギー消費量がとても多くなっている人もいます。そんな人が「急いで対策を考えます」と言うと、私は「いや、2030 年頃に 1985 家族になっていればいいのだから、じっくりと現実的に考えていけばいいですよ」と答えます。いまできること、将来にできる可能性のあることを冷静に考えればよいのです。ただ、大幅な省エネにつながる新築・引越し・リフォームといったタイミングは逃してはいけません。ここで「小さなエネルギーで豊かに暮らせる住まい」になるかどうかが決まってしまうからです。

　省エネにつながる様々な工夫は、それを実践してみると本当に楽しいものです。うまくやれば、どんどん快適になって、どんどんエネルギー消費量や光熱費が少なくなっていきます。気がついたら、日本全国でそんな楽しみを実感している人ばかりになればいいなと思います。

第 4 章

省エネルギーの住まい
と暮らしをつくる
1985 アクション

この章では、私が東日本大震災とそれに
伴って発生した福島原発事故をきっかけ
に 1985 アクションを提唱し、それを全
国の人たちに呼びかけるようになった経
緯と、現在の活動内容を紹介しています。
「2011 年 3 月 11 日」を思い出して、改
めて我が国のエネルギーのあり方を変え
ていくべきという意識を呼び起こし、み
なさんそれぞれの立場で 1985 アクショ
ンに参加してほしいと思います。

3・11前後

　私は「住まい」と「環境」が重なるところをテーマに、専門的な話を
わかりやすく整理して、建築関係者や一般生活者に情報発信すること
を仕事にしています。2000年頃からそのテーマを「温熱環境（暖かい、
涼しいを決める環境）」や「省エネルギー」に絞って仕事をするように
なっていました。1997年に京都で気候変動枠組条約の会議が開かれた
こともあり、省エネルギーに関心を持つ建築関係者も増えてきて、省エ
ネルギーをテーマとするような講演に呼ばれる回数もかなり増えていま
した。また2005年には『自立循環型住宅への設計ガイドライン』とい
う、住宅設計者向けに省エネルギー住宅の設計手法を整理したすばらし
いテキストが発行され、それを受けて私は「自立循環型住宅研究会」を
発足させました。この研究会には全国から省エネルギー住宅に関心があ
る工務店や設計事務所の人たちが集まり、とても有意義な実践や議論が
行われるようになっていました。

　2010年には、国から2050年までの住宅に関する省CO_2を進める施
策のためのロードマップ案が出てきて、いよいよ本格的に省エネルギー
住宅の普及が始動する雰囲気になり、個人的には『省エネ・エコ住宅設
計究極マニュアル』が2011年2月に出版の運びになり、ひと仕事終え
た安堵感の中であの大地震と津波がやってきたのです。

　地震発生のとき、私は東京都内で講演をしていました。10階建ての
ビルの8階がその会場でしたが、そのビルも激しく揺れ、それは長い
時間続きました。「ここで死ぬかも」という恐怖に襲われました。よう
やく地震が少し収まり、みんなで1階に降りると、仙台から参加してい
た工務店の社長さんは急いで本社に電話を入れています。会社の建物も
そこにいたスタッフも全員無事だったようで、ホッとした様子でした。

　その日は大阪の自宅に帰る予定でしたが、新幹線は動かないと判断し、

すぐ前にあったホテルに駆け込んで予約を取りました。主催者の会社の人から声をかけてもらい、講演会場のビルに入っていたその会社の事務所で、津波が街を飲み込む映像が繰り返し流れるテレビを観ていました。ホテルに移動してからも、何度もやってくる余震でずっと船に乗っている感覚の中、一睡もできずにテレビを見続けていました。そして早朝には福島原子力発電所が大きな被害に見舞われたというニュースが流れ、激しく緊張し、その後何時間も心臓のドキドキが止まらなかったことを覚えています。

　翌日の詳しい記憶は残っていないのですが、おそらく午前9時頃の新幹線に乗ってお昼すぎには自宅に戻ってきたと思います。すぐにテレビを点け、パソコンのインターネットをつないで、津波被害と福島原発事故関連の報道を追いました。そして12日の夕方、福島原発1号機が爆発したというニュースが流れ、早朝の事故第一報のニュースを見たときに想像した「日本でもチェルノブイリと同じことが起きるのでは。津波と原発の大事故でこの国は壊滅するかも」という発想が現実に近づいたことに大きなショックを受けました。ただ逆に、爆発事故の映像を目の当たりにしたことで「最大限に冷静にならなければ」と感情のモードが変わりました。

　その日から数日、ほとんど外出せずに自宅にいて、津波被害と原発事故に関する情報を追いかけました。原発事故を取り上げたテレビ番組では、ほとんどの専門家の言うことが信用できず、キャスターは原子力発電や放射線に対する基本的な理解が不十分な状態で解説していたことで視聴者を混乱させていると強く感じました。だから私はインターネットなどで情報を入手して、この事故の状況と今後予想される事態をできるだけ正確に把握するための勉強を続けました。そして私の仕事仲間に、私なりに整理した原発事故に関する情報をメールで配信をし始めました。テレビや新聞、インターネット上に流れている不確実で冷静ではない情報を、ひとりでもいいから正確にとらえる人が増えてほしいと考えたか

第4章　省エネルギーの住まいと暮らしをつくる1985アクション　　77

らです。このメール配信は1日に2、3回のペースで、3月終わりになんとか原発事故が落ち着いたと感じられるまで続けました。質問もたくさん寄せられ、「役に立った」という感想も頂きました。

そしてその頃から「今回の震災とそれに続く原発事故は、私が生きてきた中で最大最悪の出来事だ。日本人のすべてが自分でできることを最大限にやらねばならない」と考え、その上で「では私には何ができるだろう？」と考えるようになりました。私ができる最大限のこととはなんだろうと、自分をリセットする気持ちで考え続けました。そこで出た結論が「やはりこれまで取り組んできた家庭（住宅）の省エネへの取り組みを続けよう。でも、これまでのペースではダメだ。もっともっと真剣になって、確実に結果が出るための仕事をしよう」ということでした。

原子力発電に頼らない社会にするには？

自分の方針が明確になると、まず考えたのが「原子力発電に頼らない社会にするにはどうすればよいだろう？」ということです。そこで単純に当時の原子力発電の年間発電量と日本全体の電力消費量を調べて「いまの電力消費量－原子力発電の発電量」の数字を出し（2791PJ）、それ

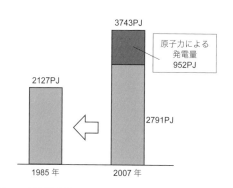

図29　電力消費量と原子力による発電量の比較

くらいの電力消費量になっていた時代を探るために、エネルギーに関する統計資料を見てみました。すると、1985年頃がそれに該当することがわかりました（図29）。

　もうひとつ重要な視点が「電力ピーク」です。こちらもいろいろな情報を当たってみると、1985年頃の電力ピーク（瞬間的な電力消費量の最大値）程度であれば、原子力発電は不要になるということがわかりました（図30）。

　1985年というと、私は25歳で高校教師をしていた頃です。パソコンが少し普及し始めて、勤務していた高校でもパソコンの基礎的な授業を受け持っていました。1985年はどんな年だったかを思い出すためにインターネットで調べてみると「日航ジャンボ機墜落事故」「阪神優勝」「中森明菜のミ・アモーレがレコード大賞」「神田正輝と松田聖子が結婚」といった記事が出てきました。暮らしの中でその当時と"いま"と比べて変わったと実感できるのは、パソコンや携帯電話が大幅に普及したことくらいです。だから単純に「1985年くらいの暮らしに戻ろう」というメッセージに大きな違和感を持つ人はいないだろうと思いました。

　ずっと以前から"環境"に関心があったので環境に関する活動をして

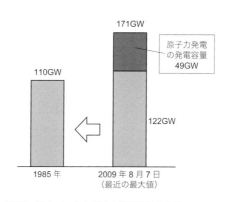

図30　電力ピークと原子力発電容量の比較

いるたくさんの人に出会ってきましたが、そんな人の中には「人間がいなきゃいい」とか「江戸時代に戻ればいい」というような発言をする人もいて、私は「そんなリアリティのないことを言っても社会は変わらない」と反発していましたが、「1985年くらいの暮らしに戻ろう」であれば多くの人に受け入れてもらえるのではないかと考えました。

　私が自分自身に与えた役割は「家庭部門の省エネを実現させること」です。「1985年頃の電力消費量に戻れば原発が不要になるはず」というのは、家庭部門も含めたすべての電力消費量を考えた場合ですから、その中で家庭部門の目標を決めないといけません。

　そこで家庭部門の電力消費量について1985年頃と"いま"とを比較してみると、このおよそ25年で約2倍になっていることがわかりました（ここで"いま"と表現しているのは、この当時に電力消費量に関する詳しい統計資料が入手できた2007年です）。逆に見れば"いまの半分"にすることで家庭部門の電力消費量が1985年頃に戻ることになります（表7）。

　そのときに頭によぎったのが、先に触れた『自立循環型住宅への設計ガイドライン』です。この本には「（条件によっては）太陽光発電なしで、一次エネルギー消費量を"いまの"半分にできる設計法」が詳しく解説されていました。私はこの内容をほぼ正確に理解していたので、家

表7　1985年と2007年とのエネルギー消費量の比較（単位：PJ）

		合計	産業部門	家庭部門	業務部門	運輸部門
2007年	全体	15,194	7,159	2,290	1,870	3,657
	電力	3,743	1,628	1,044	995	77
1985年	全体	11,325	5,798	1,562	1,194	2,465
	電力	2,128	1,120	513	434	データなし
差	全体	3,868	1,361	728	676	1,192
	電力	1,616	508	531	561	-

（出典：EDMC/エネルギー・経済統計要覧（2009年度））

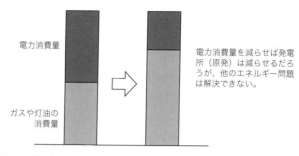

図31 脱電気だけを目指しても本質的な解決にはならない

庭での一次エネルギー消費量をいまの半分にすることは無理がないことがわかっていました。"半分"というのはとてもわかりやすい指標であり、しかもリアリティがある目標なので、この"半分"を目標にしようと決めたのです。正確には電力消費量と一次エネルギー消費量は違いますが、一次エネルギー消費量を半分にすることができれば、電力消費量を半分にする可能性も高くなります。

ただ私は、電力消費量や原子力発電だけに視点を置くことに強い違和感を持っていました。たとえば福島原発事故が起きた2011年の冬には、暖房設備としてガスを使った器具が売れたことに「電力消費量を減らすことは確かに大事だけど、脱電気を目指すことだけでは本質的な変化にはならない」と感じていました。我々に課せられた本質的なテーマは省エネルギーであって、ただ単に電力消費量を削減することではないからです（図31）。

家庭の一次エネルギー消費量と電力消費量を半分にしよう

私が目指そうとしたのは、エネルギー問題の根本的な解決につながる省エネをしながら、原発に頼らない社会をつくるために電力消費量を削減することです。ひとつひとつの家庭での一次エネルギー消費量を"い

ま”の半分にするための方法はほぼ明確になっていたので、すべての家庭について、この2つ（一次エネルギー消費量と電力消費量）とも“いま”の半分にすることを目指そうと決めました。そうすれば、家庭部門全体の一次エネルギー消費量と電力消費量は半分になります。

　ここで私は、それぞれの家庭について“いまの半分”にするには2つのアプローチがあることに気がつきました。ひとつは「それぞれの家庭の“いま”を把握し、それぞれの家庭がその半分にすることを目指す」という方法であり、もうひとつは「世の中の平均的な“いま”を基準とし、その半分になることを目指す」という方法です。どちらの方法でも、すべての家庭で実現されれば、家庭部門の「一次エネ半分、電力半分」は実現されます。

　結果として私が選択した方法は「世の中の平均的な“いま”を基準とし、その半分になることを目指す」のほうです。なぜなら、すでに相当な省エネになっている家庭であれば、それをさらに半分にするというのはかなり厳しいですし、いま消費量が多くなっている家庭も少ない家庭も、同じ目標値を目指すほうが平等だと考えたからです。

　ただ「世の中の平均的な“いま”（基準値）」を定めるのは簡単ではありません。それをいちばん簡単な「全国平均」としてしまうと、世帯人数が多い家庭は不利になるし、地域によるエネルギー消費量の差異も考慮しなければ現実味に欠ける（たとえば北海道はとくにエネルギー消費量が多い）からです。ということで、総務庁の家計調査データから「都道府県の県庁所在地別、世帯人数別」の一次エネルギー消費量と電力消費量の“いま”の平均値を出して、それを基準値とすることにしました（「資料」p117〜121）。なお、ここで“いま”としたのは2006年〜2010年の平均値です。

　次に必要なのは、この目標を達成する期間を定めることです。いつまでに「一次エネ半分、電力半分」を達成させるかという話です。これについては、民主党政権が2012年に開催した「エネルギー・環境の選択

肢に関する意見聴取会」のために、エネルギー・環境会議（民主党政権が原発事故後に内閣府に設置した組織）が作成した資料などを参考にしながら「およそ2030年までに」と決めました。

ただし、この期限にどこまでリアリティがあるかはわかりません。私は、国などで出している省 CO_2 や省エネルギー関連の資料に「部門別のエネルギー消費量の10年ごと程度の目標値」があるんじゃないかと思っていろいろ当たってみましたが、見つけられませんでした。こうした目標値と、それを達成させるための計画があれば、それを参考にしながら「一定のリアリティを持ちつつ、相当に早く目標達成できる年数」を定められるのではないかと期待したのですが、残念ながら見当たらなかったのです。

多くの仲間が賛同してくれた

「1985年頃の電力消費量になれば原発は要らない」「1985年頃の家庭部門の電力消費量はいまの半分だった」「家庭部門の電力消費量を減らすだけ原発の発電量は減る」というような説明をグラフなどでまとめ、「だから知恵を絞って1985年のエネルギーのあり方に戻るような運動を進めていくのがおもしろい」というメッセージを加えた資料をつくり、2011年の4月初めから、会う人すべてにそれを説明することを始めました。すると、ほとんどすべての人が「野池さん、それはとてもおもしろいから協力するよ」という反応をもらいました。また「Forward to 1985 energy life」というキャッチコピーも好評でした。

協力すると言ってくれた人たちに後で聞いた話ですが、多くの家づくりに関係する人から「東日本大震災や福島原発事故という大惨事のあと、自分たちがどんな仕事をしていけばいいかわからなくなっていた。そんなときに野池さんが1985アクションを呼びかけてくれて、省エネになる家づくりをしっかり進めていくことが社会貢献になることがわかった。

第4章　省エネルギーの住まいと暮らしをつくる1985アクション　83

自分たちのこれからが見えてよかった」という話を聞きました。

　そんな反応の良さに自信を持ち、さらに資料をまとめながら、とくに熱心な反応をしてくれた人（ほとんどが建築関係の仕事をしている人です）に呼びかけて6月にキックオフミーティングを開催することにしました。そこで私が提案したのは「今年の秋に、全国の仲間たちを集めるようなイベントを開催しよう。そこにはメディアの人にもたくさん来てもらい、全国発信してもらおう」ということでした。そうやって9月に名古屋で開催した「1985秋の大集会」には全国から500名ほどの参加者が集まる大きなイベントになりました。

家庭での省エネを普及させるには

　p.14でも述べたように、福島原発事故後、私はもっと省エネの議論が活発になり、省エネムードが盛り上がると思っていました。だから私は、この運動が注目されるのはそれほど難しくはないと考えていました。すぐ前に書いた「1985秋の大集会」にもテレビ局や全国紙の記者がたくさん集まると思っていたのです。しかしそれは甘い予測でした。

　マスコミの反応がとても薄いことがわかってから、なぜそうなるのかを自分なりに考えてみました。私の推察としては、マスコミの基本的なスタンスとして、力を持った政府や電力会社を批判する記事はたくさん書いても、一般市民に負担を強いるようなメッセージを出すことを嫌うんじゃないかということです。マスコミのこうしたスタンスには賛同する立場ですが、福島原発事故のような特異的な出来事が起きたときには、そこから離れるべきではないかと思います。当時、私が期待した「社説などで国民に省エネを呼びかけてほしい」ということを実行した新聞はおそらくなかったのではないかと思います。ある新聞には私から意見欄に投稿する原稿を送ったりもしましたが、採用されませんでした。

　いまや多くの人の情報源はテレビや新聞だけではなく、インターネッ

トが重要な位置を占めています。インターネット上の情報は膨大なので、もちろんすべての意見や議論を見たわけではありませんが、やはり「国民自ら省エネをしよう」というような意見はほとんど見当たりませんでした。

　一方で、太陽光発電などの再生可能エネルギーの普及を推進するような記事は多く見受けられました。もちろんこれは喜ばしいことですが、省エネに関する記事がとても少ないのはバランスを欠いています。ただここで冷静になって考えてみると、おそらくほとんどのメディアの記者も省エネの知識が不十分で「省エネといえば我慢」というストイックな印象を持っていて、そうなると国民に我慢の省エネを強いる記事を書けないのも仕方がないと思いました。こうした状況を感じた私は、当初描いていた運動のスピード感とはならず、もっとじっくりと進めていき、世の中の人の多くが持っている省エネのイメージを変えていかねばならないと思うようになりました。

　そもそも私は、この運動は各地域で広げ、それを全国的な広がりとしていくしかないと考えていました。それぞれの地域は気候や暮らしが違うわけで、それに合った動きをしていくべきだからです。たとえばテレビの使い方や選び方は全国共通で使える情報ですが、寒い地域ではいかに暖房エネルギーを減らすか、暑い地域ではいかに冷房エネルギーを減らすかが重要です。

　このことからもわかるように、幅の広い家庭での省エネを普及させていくには、その地域の気候や暮らしを知り、「地域によって異なる省エネ住宅のあり方」と「調理や家電などに関わる省エネ」の両方についての知識や経験を持った人材や企業が必要です。そして私は、そうした人材や企業にもっとも適している対象は「地域に根ざした、住宅建設に携わる工務店や設計事務所」であると考えました。なぜなら、住まいに関わる省エネは調理や家電に関わる省エネよりも専門性が高いからです。確かに工務店や設計事務所の人たち（とくに男性）は、調理や家電の知

第4章　省エネルギーの住まいと暮らしをつくる1985アクション　　85

識や経験は薄いかもしれませんが、こちらのほうは情報も多く、少し勉強すれば何とかなります。

　そもそも私には全国に、真面目で省エネに熱心な、地域に根ざす工務店や設計事務所の仲間たちがいました。そうした企業から、家庭の省エネに関する適切なアドバイスができる人材を輩出してもらう仕組みをつくり、その人たちや企業を家庭の省エネを進めていく主役に据えることを軸にこの運動を展開していくことを決めました。そうした人や企業がそれぞれの地域に合った適切なアドバイスを行い、その地域で省エネ住宅（省エネ家庭）を増やしていく。そうした動きが全国に広がっていけば、1985 アクションが「点から面」に広がっていくと考えたのです。

暮らし省エネマイスター検定

　適切に家庭の省エネアドバイスをしようとするとき、たとえば第 1 章や第 2 章で述べたような、地球温暖化やエネルギーの問題を知ることがモチベーションを高めます。また国の省エネ住宅に関する動きを知ることも必要であり、熱の移動原理、住宅の熱性能やエネルギー消費性能を理解することも重要です。もちろん家庭の省エネに関する具体的な工夫とその効果を把握しておかねばなりません。しかし、これらの内容はそれぞれに奥が深く、「どこまで理解しておけばいいか？」という判断が難しいものです。また個人の知識のバラつきが大きいというのが現状です。こうした問題を解決するために設けたのが「暮らし省エネマイスター検定」という制度です。この制度を発足するという前提で『暮らし省エネマイスター公式テキスト』を発行しました（図 32）。このテキストは、先ほど述べたような幅広い分野を網羅し、この内容を理解すれば、一定に正確なアドバイスができ、勉強や経験を重ねたときに応用が効くよう理解が得られるようになります。

　「暮らし省エネマイスター検定試験」の受検者は、事前にこのテキス

トを入手して勉強し、試験に臨みます。1年に2回のペースで開催している試験の合格者はすでに800人近くになっています。ホームページで過去の問題と解答を掲載しており、それに取り組むことも有効な試験対策になります。テキストの内容をしっかり理解し、過去問に取り組めば不合格になることはほとんどありませんが、真面目に取り組まなければ合格しないというレベルです。

　また「暮らし省エネマイスター検定」は、次に述べる「1985地域アドバイザー拠点」にもつながる仕組みにしています。地域アドバイザー拠点となるためには、少なくともスタッフの一人はこの資格を持っていることが条件になります。地域アドバイザー拠点には必ず暮らし省エネマイスターがいる、という姿です。

図32　『暮らし省エネマイスター公式テキスト』
「ここまでわかっておけばよい」という内容に絞って、家庭の省エネに関する情報を幅広く解説。検定試験はこのテキストから出題される。

1985 地域アドバイザー拠点

　それぞれの地域で適切に家庭の省エネアドバイスを行う人や企業をつくっていこうとするのが「1985 地域アドバイザー拠点制度」です。「拠点になりたい」と立候補すると、半日×4回程度開催されるスキルアップセミナーへの参加が義務付けられます。そこでさらに実践的な知識を増やし、コミュニケーション力の向上を図ります。

　スキルアップセミナーがユニークなのは、拠点として続けていくための社内態勢や事業展開などを私たち（本部スタッフ）と一緒に考え、事業計画を立てるところです。いくら崇高な理念を持っていても、省エネ

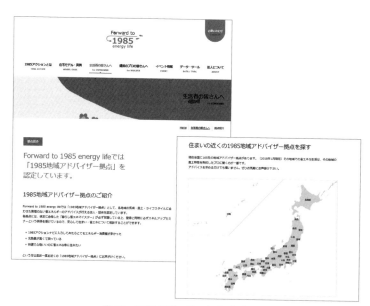

図33　1985 地域アドバイザー拠点一覧
1985 の公式ホームページでは、全国の地域アドバイザー拠点を紹介している。
2017 年春の時点で地域アドバイザー拠点は 115 を超える。

住宅に関する知識やスキルを持っていても、拠点であることで経営的な
メリットが出てこないと継続した取り組みになっていかないと考えるか
らです。スキルアップセミナー以外でも、先進的な取り組みを行う拠点
を訪問し、省エネ住宅の実例や事業的な取り組みを学ぶ「拠点総会」も
継続的に開催しています。

　2017年春の段階で拠点数は120社程度となり、それぞれに様々な取
り組みを始めています。拠点の多くは工務店や設計事務所ですが、こう
した企業は適切なアドバイスができるだけではなく、実際に省エネとな
る家づくりやリフォームを行うことができます。これが「1985地域ア
ドバイザー拠点」の大きな特徴です。拠点の紹介は1985アクションの
公式ホームページにありますので、自宅の近くでどんな会社が拠点に
なっているかをぜひ調べてみてください（図33）。

勉強会の開催

　1985アクションを支える取り組みとして重視しているのが「工務店
や設計事務所の教育」です。省エネ住宅（省エネ家庭）に関して必要な
知識や理解は、相当に幅が広く、専門的です。家づくりのプロで建築
士の免許を持っている人なら省エネに関する知識や理解は十分にあるん
じゃないかと思うかもしれませんが、残念ながらまったくそんなことは
ありません。人や業者によってものすごく大きな幅があります。

　そうした状況をなんとかしたいと考え、2010年頃から「野池学校」
という勉強会の場をつくってきました（写真12）。省エネ住宅に関わる
技術を整理整頓してわかりやい形で整理し、系統立ったカリキュラムを
つくって年間で数回にわたる"授業"を続けてきました。そして2013
年からこの野池学校を1985事務局が主催する形にしました。先ほどご
紹介した1985地域アドバイザー拠点になっているほとんどの会社は、
野池学校を"卒業"してから立候補するのが実態です。野池学校は勉強

第4章　省エネルギーの住まいと暮らしをつくる1985アクション　　89

の場ですが、拠点は実践の場です。一通りの勉強を終えて「さあ、次は実践するぞ!」と拠点になっています。

　また2014年からは「1985リノベ学校」という勉強会も主催するようになりました。リノベとはリノベーション（≒大規模リフォーム）のことです。新築は省エネ住宅をつくる大きなチャンスですが、新築による省エネ化だけを待っていても私たちの目標は達成できません。いま住んでいる建物をどう省エネ化するかが極めて重要なテーマになります。

　しかし既存住宅を省エネ化するだけでは片手落ちです。耐震性能や長持ち性能といった、建物にとって重要な"基礎体力"を省エネ化と一緒に高め、既存住宅を適切に長持ちさせていかねばなりません。新築での耐震性能や長持ち性能を確保するのはそれほど難しくはありませんが、既存住宅の性能向上は技術的にもコスト的にも非常に難しい問題を抱えています。「1985リノベ学校」ではそういったところにまで視野を広げ、家づくりのプロが適切なリフォーム（リノベーション）を行っていくための様々なスキルを学んでもらっています。

写真12　野池学校
省エネ住宅に関する技術を学ぶ連続講座

表8　2018年に開催する主な勉強会

・はじめよう！　温熱・省エネ・パッシブデザイン＜技術・設計編＞
・　　　　　〃　　　　　　　　　　　＜表現・プレゼン編＞
・暮らし省エネマイスターテキスト解説講座
・温熱カレッジ（旧野池学校）
・パッシブデザインワークショップ
・１９８５リノベ学校
・プレゼン資料ワークショップ
・パッシブデザイン建築視察＆事業化セミナー

　また2018年4月からは、適切なパッシブデザインの普及を目指す活動を行うために、「Passive-Design Technical Forum（パッシブデザインテクニカルフォーラム）」という組織を立ち上げました。この組織ではパッシブデザインを進化させるための技術的な情報提供や議論の場を提供します。

　先にご紹介した勉強会も含め、2018年に開催する主な勉強会を表8に挙げました。こうした勉強会に熱心に参加する工務店や設計事務所は、快適で省エネルギーになる家づくりのスキル、さらに施主にそうした家づくりの内容をわかりやすく説明するスキルを大きく向上させています。

1985シミュレーター

　1985アクションを立ち上げてまもなく、私は「理論的に正確で、建物に省エネの工夫を盛り込んだときのメリットがわかるシミュレーションツール」の必要性を感じ、その製作に取り掛かりました。このとき、とくに意識したのがリフォームです。省エネリフォーム提案に有効なシミュレーションツールをつくりたいと考えたわけです。

　住宅業界以外の人は知らないでしょうが、実はずいぶん前から「断熱リフォーム」という言葉があって、業界新聞や業界誌に特集されたりも

第4章　省エネルギーの住まいと暮らしをつくる1985アクション　　91

してきたのですが、断熱リフォームは"売れる"商品にはなりませんでした。私は、その最大の理由が「どれくらいお金をかけたら、どれくらいのメリットが得られるかを誰も示すことができない」ところにあると考えていました。何が得られるかがわからないようなリフォームに数十万円、数百万円のお金を出す人がいないのは当たり前です。

　ではなぜ家づくりのプロが「どれくらいお金をかけたら、どれくらいのメリットが得られるかを示せないか」というと、そうしたことを計算してくれる道具（ツール）がないからです。新築よりもリフォームはずっと多様です。多様なリフォームの内容に応じてどれくらいのメリットが出るかを予測するには、複雑な計算をしてくれるシミュレーションツールが不可欠なのです。

　つい最近まで、「断熱したら暖かくなるよ。暖房費も安くなるよ」と説明する人や会社はいましたが、「これくらい断熱したらこれくらい暖かくなって、これくらい暖房費が安くなるよ」というふうに具体的な数字で示すことができる人や会社はほとんどありませんでした。みんながそんな感じだったから、そんなレベルでもなんとかなっていたわけです。しかし最近は、省エネや温熱環境（暖涼環境）に関心を持つ建築関係者が増えてきて、いくつかのシミュレーションツールが出てきたことで、先進的に取り組みたい人や会社がそうしたツールを使ってお客さんに説明するようになってきています。私も数年前からエクセルでそうしたツールをいくつか自作して、勉強会でその操作方法を解説してきました。

　ただ、私がつくっていたものも含め、世の中にあるツールでリフォーム提案に有効なものは見当たりませんでした。だから新たに自分でつくるしかないと考え、相当に骨が折れる作業でしたがなんとかよいものができました。それが「1985 シミュレーター」というシミュレーションツールです（図 34）。

　先に挙げた地域アドバイザー拠点になっている会社では、このツールを使ってリフォームや新築時のアドバイスや提案などを行ってい

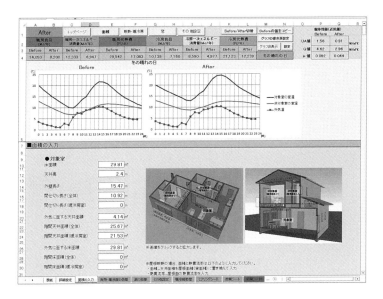

図34 1985シミュレーター

(社)Forward to 1985 energy life が会員に向けて提供しているシミュレーションツール。住まいの室温・エネルギー消費量・光熱費などの予測をする。Before と After の2種類を同時に見比べることができるので、リフォーム計画時におけるその効果がわかりやすい。

す。また1985リノベ学校でもこのツールを学ぶ場を設けています。そうやってお客さんが求める情報を提示し、要望に応え、しっかり省エネが実現できる住まいが増えていくことを目指しています。

1985アクションナビ

1985アクションの目標は1985家族（一次エネルギー消費量半分＆電力消費量半分の家庭）を増やすことです。だからまずはそれを判定する仕組みが必要です。その判定はそれほど難しい計算ではありませんが、できるだけ簡単に判定ができて、過去のエネルギー消費量も振り返って

見ることができる仕組みがあれば便利です。そしてまた、みんなで「いまどれくらいの数の1985家族があるか？」がわかる仕組みをつくれば、このアクションを進めていくモチベーションになります。

　そう考えてつくったのが「1985アクションナビ（アクションナビ）」です（図35）。これは1985公式ホームページから閲覧、登録できるようになっていて、毎月の電気、ガス、灯油の消費量を入力することで、自分の家庭のエネルギー消費量の状況がわかるようになっています。

　アクションナビに入力すれば、近くの都市の平均消費量（標準家庭）と比較して、自分の家庭がどの程度のエネルギー消費量になっているかがわかり、1年分の入力を行えば、自分の家庭が1985家族になっているかどうかの判定ができます（計算方法については「資料」（p.117～121）を参照してください）。月別でも標準家庭との比較ができ、自分の家がどんな季節に消費量が多くなっているかもわかります。また、入力内容を公開している人の状況（エネルギー消費量、住宅の種類、築年数、使用設備など）を見ることもできるので、たとえば1985家族を達成している人の住まいや暮らし方を参考にすることができます。

図35　1985アクションナビ
誰でも登録可能なクラウド上の「1985アクションナビ」。毎月の電気・灯油・ガスなどの消費量を入力すれば、地域・家族人数・住宅タイプに合わせた1985家族判定ができる。自身の家庭の現状を知るには最適のツール。
登録はコチラから → https://econaviom.net/an/ActionNavi/index.aspx

各家庭の1985アクションは「まず自分の家の状況を把握する（現状を知る）→情報を集めて対策を考える→計画を立てる→計画を実行していく」という流れで進めていくのが基本的な考え方です。ですので、このアクションナビへの入力が1985アクションのスタートです。そして、自分たちが行う省エネへの取り組みによってどんな変化が現れるかを確認しながら、1985家族達成を目指すわけです。

1985アクションHEMS

　エネルギー消費量（省エネ度）の把握はアクションナビで行いますが、併せて、もうひとつこのアクションが大事にする「豊かな暮らし＝快適・健康的な暮らし」がどこまで実現できているかの把握もしたいところです。たとえば1985家族を達成していても、寒さや暑さを極端に我慢しているのであれば、それは好ましい状況とは言えません。またリフォームなど住まいの改善を考えるとき、いまの住まいの寒さや暑さの状況がわかれば、適切な方針を立てることができます。

　そこで私たちは「1985アクションHEMS（ヘムス）」という機器を用意しています（図36）。このHEMSは電力消費量とともに温度と湿度が測定でき、たとえばLDKのエアコンの電力消費量と室温を同時に見ることができます。このことによって、いまの室温がどれくらいのエアコン稼働によって実現されているかがわかることになります。地域アドバイザー拠点の中には新築物件のすべてにこのHEMSを設置して、自分たちが提供した住宅のエネルギー消費量と室温（快適性や健康性）を把握しようとしているところもあります。こうした姿勢は高く評価できるものだと思います。

第4章　省エネルギーの住まいと暮らしをつくる1985アクション　　95

エコナビゲートウエイ

電力測定ユニット

温室度計測ユニット

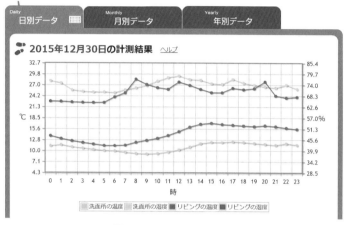

図36　1985アクションHEMS

住まいの温湿度・電力消費量などを15分間隔で計測し、データを集積する「1985アクションHEMS」。住まいの実態を見える化できるだけでなく、その快適さや省エネの向上にも大きく役立つ。計測データは、「1985アクションナビ」上で、随時閲覧可能。

全国省エネミーティング

　p.84でも述べたように、このアクションを立ち上げた2011年9月に名古屋で「1985秋の大集会」を開催し、全国から500人以上の参加者がありました。当初からこのイベントは1年に1回の開催を続けていこ

写真13　全国省エネミーティングの様子

（社）Forward to 1985 energy life が開催する年に1回の最大のイベントである「全国省エネミーティング」。今後も全国を回って開催していき、家庭の省エネの普及促進を図るとともに、開催地域との今後を見据えた連携を図っていく。

うと考えており、2012年はさいたま市、2013年は神戸市、2014年は福島市、2015年は長野市、2016年は静岡市、2017年は岡山市で開催してきました（写真13）。2014年の福島開催から名称を「全国省エネミーティング」に変え、今後も全国を回って開催していく計画です。

　このイベントの最大の狙いは、1985アクションを開催地に紹介するところにあります。開催地でエネルギーに関わる活動をしているNPO法人、建築関係者、行政職員、一般生活者などに講演やパネルディスカッションに参加してもらい、1985アクションの内容を知っていただきながら、一緒に何かやれることを考えていくことを主旨としています。1985の会員（仲間たち）も全国から多数駆けつけてくれ、仲間たちにとっては"年1回の真面目なお祭り"といった位置づけになっています。もし近くで開催されるときには、ぜひ一度足を運んでください。何より私たちの活動がよくわかっていただけると思います。

情報提供としての書籍の出版

　基本的に、1985アクションにつながる住まいや暮らしのアドバイスや情報提供は、それぞれの地域アドバイザー拠点がそれぞれの地域で行

うというのが私たちの考えです。それをできる限り適切にするための様々な教育制度を設けていることは先に述べた通りです。

　そうした勉強の場では"教科書"が必要です。現状として教科書的な位置づけになっているのが『省エネ・エコ住宅設計究極マニュアル』や『パッシブデザイン講義』です。どちらもとくに1985アクションのために出版したものではなく、家づくりのプロ向けに省エネルギーや優れた暖涼環境を目指すときに必要な情報提供をしたいと考えて書いたものです。

　ただやはり一般生活者に直接、書籍というまとまった形で情報を届けたいと考え、2011年の秋に出版したのが『本当にすごいエコ住宅をつくる方法』（エクスナレッジ）です（図37）。この本は主に新築や大規模リフォームを考えている人を対象として、パッシブデザインのことを中心に省エネ住宅の適切なつくり方について書きました。イラストや漫

図37　『本当にすごいエコ住宅をつくる方法』（エクスナレッジ）
パッシブデザインを組み込んだエコ住宅（省エネ住宅）をつくるための一般生活者向けの書籍。イラストや漫画をたくさん使って、わかりやすく解説している。

画などをたくさん入れて、わかりやすくすることに工夫した、1985 アクションの公式副読本①という位置づけです。本書はまさしく 1985 公式解説本ですが、これからも書籍を引き続き出版していきたいと考えています。

第5章

エネルギー1／2
家族を訪問

ここからは、小さなエネルギーでの暮らしを実現されている3つのご家族をご紹介します。
この3つの家族は、エネルギー消費量が地域平均の半分以下になっている「1985家族」です。こうしたご家族を実際に訪問することで、どのように「1985家族」を達成されているかを見せていただきます。

少しずつ暮らしを見直して1985家族を達成

山口県岩国市Kさん

1985家族判定（地域の平均エネルギー消費量に対するエネルギー消費量）→ 43%

1985家族1件目のご紹介は山口県岩国市のKさんご一家。共働きのご夫婦と中学生の長女、小学生の長男・次女の5人家族です。家を建てる前に300冊（！）もの本を読んでイメージを固められたという築3年の住まいは、家族のライフスタイルと気候にフィットしたおおらかな木の家でした。

敷地選びは風と光がしっかり利用できることに注目

3年前に新築された二階建ての木造一戸建ては四方を道路が囲っていて、どの隣家からも適度な距離が保たれています。それまで住まわれていた官舎の結露が酷く、カビも気になっていたので、風通しが良く、光もよく入るような土地を探されたそうです。プランニングではその立地を活かしながら、卓越風向を意識して、南の窓から風が入り北へと抜けていくよう、間取りや窓が配置されました。

テレビのない暮らし。冷暖房も必要なときだけ

まず驚くのは、Kさんのお宅のリビングにはテレビがないこと。これがKさん家族の暮らしぶりを如実に表しています。「その家電、本当に必要？」と確認しながら購入したり使ったりされているので、意味もなくコンセントに繋ぎっぱなしの家電がありません。私たちがなんとなく習慣でつけてしまっているものって、テレビ以外にも暖房や照明など色々あるかもしれません。特にリビングは滞

建物外観とKさんご家族

テレビなしで過ごすリビング

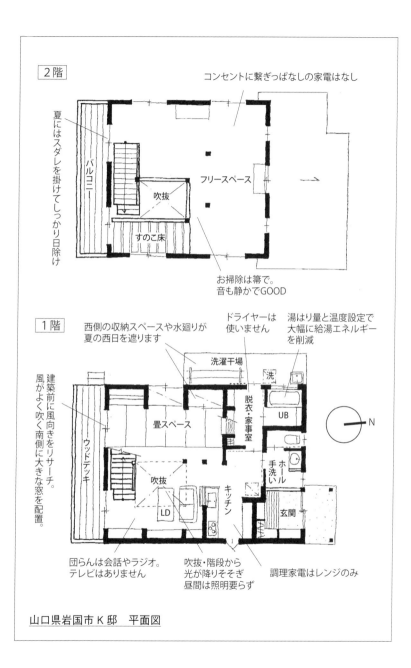

山口県岩国市K邸　平面図

在時間が長くなることが多いので、Kさんのように使っている暖房や家電の使用時間を見直してみるのはかしこい取り組みです。Kさんのお宅では、朝は時報代わりにラジオをつけたり、夜はご主人がCDをかける時もあるそうです。テレビのない暮らしも、やってみると気持ちよく、落ち着いた時間が過ごせるのでしょう。

　暖房は夜の寒い時間だけエアコンを使われています。夏も同じくどうしても暑い時間だけ4時間ほどエアコンをかけているそう。お伺いした3月上旬はようやく暖かくなり始めた頃とはいえども朝の気温は7℃でしたが、息子さんも娘さんも裸足！　昼間はカーテンを開けてしっかり日射を取り入れるなど細かい配慮をされています。

冬でもはだしで生活

「その家電、本当に必要？」の精神が至るところに

　Kさん家族のこの精神は、本当に家中に行き渡っています。キッチンに以前あったトースターは、ガスコンロのグリルで事足りると気づいて処分してしまったそうです。何より驚いたのが2階のコンセントにほとんど何もつながれていないこと！　必要なときに必要な分しか電気を使わないので、差しっぱなしという事がないんですね。その他にも、ドライヤーを使っていなかったり、お掃除は箒がメインで掃除機は月に2回程度の使用だそうです。

圧力鍋が大活躍

　煮込み料理が多く、お鍋は圧力鍋を使用されています。圧力鍋を使用すると、普通のお鍋での調理よりもエネルギーは35％ほど削減できるんだそう。調理時間も44％減（※圧力なべ協議会調べ）で共働きの家族には嬉しいことばかりですね。

入浴の工夫でさらに大きな省エネを実現

　Kさんはお風呂に入る時の設定温度とお湯の量にも注目。1985アクションナビに入力したところ、給湯の消費量が少し多いんじゃないかと感じてお風呂の設定温度を冬でもほぼ40℃に。「以前、夫が入るときの湯温はやけどするくらいに熱かった」と奥様。さらに湯量を10目盛りのうちの4目盛りまでにしてみた結果、50％だった1985家族判定が41％

キッチンの家具も最小限

夏はスダレをかけるひさし

に！　元々少なかった消費量がここまで減るには相当な努力があったのでは…と想像したのですが、Kさん曰く「日々少しずつ気をつけていくうちに習慣になって自然に身についたのでは」とのこと。

　1985アクションナビがこうして省エネに結びついたというお話を聞くことができるのはとてもうれしいです。Kさんは給湯に限らず「意識して前月や前年同月と比較することで、違いがどこにあるか考えて工夫できる点がまだあるか考えるようになった」と仰られていました。

「必要」を考え直すことが大事

　いまのKさんの暮らしだけを見れば「普通の人じゃちょっと真似できないなあ」と思ってしまうかもしれません。でもKさんは「これが我が家の普通」「特に何もしていない」と言われます。きっと私たちの多くは日常にかまけて「無駄な普通」になっているのでしょう。Kさんはそれをしっかり意識して、本当に必要なものを問い直して、違った価値観を持つ家族でやれることを擦り合わせて、必要なものだけで暮らせる状態が「普通」となるまで続ける。だから「これが我が家の普通」という言葉が自然に出てくるんだと感じました。最後に、とても印象に残った、Kさんが省エネと断捨離との共通点をとてもうまく捉えたコメントを最後に紹介しておきます。

第5章　エネルギー1/2家族訪問　　105

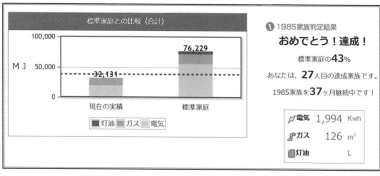

K邸の最新の1985家族判定結果

"省エネも断捨離も「本当にそれは必要か」を一つ一つ問い直していく点で似ていると思います。省エネだと「その程度は気にしなくても」、断捨離だと「いつか使うかも」という気持ちを持つと前に進めないので、今後もそういった意識を忘れずに、家族でその思いが共有できればと思います。"

建築データ	
住　所	山口県岩国市
工　法	木造在来工法2階建
竣　工	2013年3月
断　熱	屋根：フェノバボード t45
	壁：高性能グラスウール 14k t85
	床：フェノバボード t45
	サッシ：アルミ樹脂複合＋ペアガラス
給　湯	エコジョーズ
冷暖房	エアコン1台

楽しく、かしこく省エネに向かう
実験と実践を重ね続ける

群馬県佐波郡 M さん

1985 家族判定（地域の平均エネルギー消費量に対するエネルギー消費量）

→ 41%

　1985 家族 2 軒目のご紹介は群馬県佐波郡の M さんご一家。共働きのご夫婦とお母様、社会人の娘さんの 4 人で暮らされています。ご主人は環境や省エネルギーをお仕事にされているということで、1985 が主催する暮らし省エネマイスターの資格者でもあります。プロという事もあり「バリバリに設備武装したお家なのでは？」と勝手に想像していたのですが、伺ってみるとそこはまるで"省エネ DIY の実験住宅！"。楽しみながら心地よく省エネになる方法をたっぷりとお伺いしてきました。

敷地条件に合わせた、建物や暮らしの工夫が満載

　M さんの敷地は南側と西側が開けています。まず南側はとくに冬の日射がよ

デッキ床面の反射材

デッキの反射材で照明いらずの明るいリビング

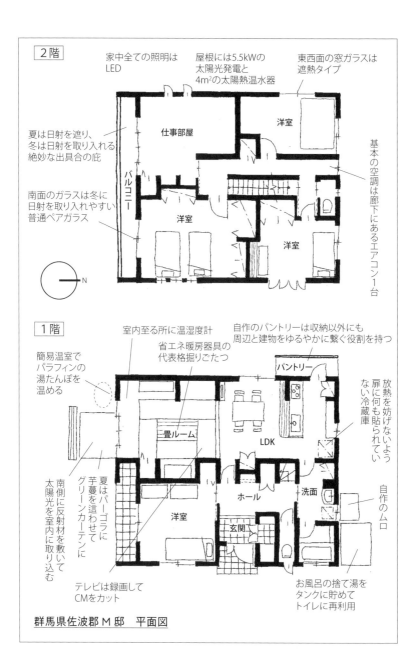

群馬県佐波郡M邸 平面図

く当たるということで、その熱をしっかり窓から採り入れるために建物を東西南北に正対させています。南面が真南からずれていると日射が入りにくくなるからなのですが、これは冬の日射熱利用を考えるときにとても大切なこと。でも、こういうことを知っている人はまだまだ少ないんです。そしてもちろん南面の窓は大きく取られていました。

そして何より驚いたのが、直接部屋に入ってくる光だけではなく、デッキに当たった光が反射して部屋の奥にまで届くよう、ウッドデッキの上に敷かれた反射材。こんな家は見たことがありません！実際、この反射材のお陰で昼間は照明が必要ないくらいにリビングの中ほどまで明るさが届けられていました。

そして夏には日差しをしっかり遮ることができるように、デッキ上部のパーゴラに芋蔓を這わせているということでした。もちろん芋は収穫して食材として活躍しているんだそう。グリーンカーテンはゴーヤや朝顔だけじゃないんですね。西側にはご主人自作のパントリーが設置されていて「一石三鳥」となっています。メリットの1つ目は風除け。この地域は冬に"赤城おろし"と呼ばれる冷たく乾いた強風が吹くところで、西から吹いてくるその風をこのパントリーが守ってくれているというわけ。メリットの2つ目は直接壁に日射が当たらないようにすることで、夏の西日対策になっているというところ。でも屋根まで板を貼ってしまうと暗くなるということで、屋根は半透明の波板に。さらに壁面は光を反射させるために白いペンキで塗られていたのも渋い工夫です。最後は、こうした収納スペースがキッチンの横にあるという便利さ。こういう空間がキッチンの横にあると本当に便利ですよね。ちなみにごみ箱の造作もご主人によるもので芸が細かい。

家の中の温度を決めて暮らす

Мさんのお宅にはあちらこちらに温湿度計が置いてあります。Мさんは1年を通して15℃〜30℃で暮らそうと決めておられて「冬は15℃を下回ったら暖房をつける。夏は30℃を上回ったら冷房をつける」という暮らしを実践されています。これは省エネのためでもありながら、身体に負担を強いるような省エネを避けるという意味もあって、すごくバランスの取れた工夫だと感心しました。温湿度計はそうした暮らしを実現させる

パラフィンを太陽熱で温めて湯たんぽに

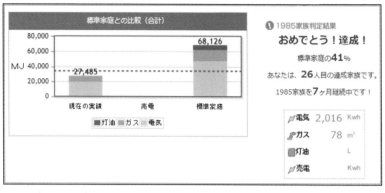

M邸の最新の1985家族判定結果

ための道具になっているんですね。確かにこうした決めごとによって「朝起きたら暖房をつける。何時ぐらいになったら冷房をかける」という習慣を防ぎ、不必要な冷暖房の使用を避けることができますよね。そして15℃〜30℃という環境をできるだけ冷暖房に頼らずに実現できるような建物の工夫を考え、暮らし方の工夫を考える。Mさん宅にお伺いしたのは冬でしたが、この日も暖かさと明るさを得るために、南面のカーテンはすべてオープンにして暮らされていました。

そして今のお住いに移ってから「かかとのガサガサがなくなった」ということ。住まいの環境がよくなることがこういう小さな喜びに繋がるんですね。

省エネ型の冷蔵庫を選び、テレビは録画してCMを飛ばして見る

家電を新調されるときはしっかり省エネ型を選択しているということですが、以前冷蔵庫を買い替えた時は電気代が半分に減ったそうですよ！ 古い冷蔵庫は消費電力も多く、24時間365日使い続けるものなのでその効果は絶大です

自作のパントリー

ね。また、夏以外の季節は設定温度を弱にするという細やかな気配りも忘れないということ。冷蔵庫と並んで消費電力の大きなテレビですが、見たい番組は録画しておいて、ストレッチをしながらCMはカットして見ているそう。これなら体も温めながら最小限の消費電力でリラックスした時間を過ごせますね。

Mさん宅も省エネ調理器具が活躍

Mさんのキッチンでも圧力鍋を発見。さらに、熱を使わずに煮込み料理ができる保温調理器も。1985家族のお宅は「いいお鍋を使って、賢く調理」が鉄則のようです。またご飯は1日1回だけ炊飯し、保温はせずに電子レンジで加熱して食べているそう。「ご飯やお湯を無駄に保温しない」という暮らしも1985家族の特徴ですね。時間のある休日にはソーラークッカーも使用するそうです。

太陽熱温水器で夏はほとんどのお湯が賄える

給湯は省エネに最強の「エコジョーズ＋太陽熱温水器」。1985家族の達成にもっとも寄与しているもののひとつでしょう。夏はこの太陽熱温水器からのお湯だけでほとんど賄えているそうです。ただ、冬は想定していたよりも採熱できていないので、貯湯量を$6m^3$のものにしたらよかったとおっしゃっていました。Mさんと同じ4人家族の方などは参考にしてみてはいかがでしょう。

さらなる省エネ家庭に進化させたい

Mさんも1985アクションナビに入力してみて「工夫や努力した結果が見える化されてうれしかった」と言っています。また「冬の使用量が夏の2倍近いことに問題意識が生じた」ということで、今後はさらに冬の工夫を考えていきたいとのことでした。また、これから「太陽光発電→自動車の電池で蓄電→家庭での使用」や「スマートメーターとHEMSの連携」など、更なる自邸の進化を進めていきたいと考えているそうです。

建築データ

住　所	群馬県佐波郡
工　法	木造在来工法2階建
竣　工	2013年
断　熱	屋根：屋根断熱に遮熱付加
	壁：発泡ポリウレタン
	床：基礎断熱
	窓：東西は遮蔽型LOW-E ペアガラス、南面は普通複層ガラス
給　湯	エコジョーズ＋太陽熱温水器
冷暖房	各階にエアコン1台、こたつ、セラミックヒーター、扇風機
発　電	太陽光発電 5.5kW
その他	照明はすべてLED、風呂の残り湯のトイレ活用システム、HEMS

暖かさと柔らかな光に包まれて赤ちゃんと暮らす

埼玉県川越市 H さん

1985 家族判定（地域の平均エネルギー消費量に対するエネルギー消費量）
→ 0％以下（太陽光発電の発電量が消費量を上回る）

1985 家族 3 件目のご紹介は埼玉県川越市の H さんご一家。新築して 2 年目で赤ちゃんが生まれ、現在はご夫婦と 1 歳になる娘さんの 3 人家族です。夏と冬は 24 時間エアコンをつけっぱなしなのに 1985 家族を達成できた鍵は、敷地条件を最大限に生かしたパッシブデザインとゼロエネルギー推進事業を活用した適切な発電装置。パッシブデザインで心地よさを得ながら暖房や冷房のエネルギー消費量を減らし、さらに太陽光発電で大幅な省エネが実現できています。

また、1985 アクションナビでエネルギー消費量を確認することで、機器の使い方に配慮するようになったことも一役買っていそうです。

H さんご家族と、この家を設計した加藤さん

冬の日射を採り入れる南面の窓

高窓から光あふれる明るいリビング

リビングの光を洗面所に届ける欄間

冬の日射取得のために、長く伸ばした壁に多くの窓を

伺った際に真っ先に目に飛び込んできたのは、普通の家の2倍はありそうな長い壁面。敷地は軸が南北に対して約45℃傾いていて、冬に日射を採り入れたり、夏に日差しを遮ったりするのには少し不利な条件。そこで、冬の日射取得をするための窓をたくさん設けられるように、とても長い敷地の長辺に合わせるように建物の壁を伸ばして、居室をすべて陽の当たる向きにレイアウトしていたのです。

また、現在駐車場になっている隣地に建物が建ったときのために、高窓をつけて高い位置から光を部屋の奥まで落とし込んでいます。さらに、その光が奥の水回りまで届くように欄間も設置されています。この欄間は、ご実家から譲っていただいた、60年前につくられたもの。シンプルな空間に和の意匠が程よいアクセントになっています。

ハニカムスクリーンで暖かさと適度な明るさを実現

Hさんのお宅で、とくにこだわっているのは窓周りの工夫。リビングの窓には断熱性を向上させながらも、柔らかな光を届けてくれるハニカムスクリーンを取り付けています。ハニカムスクリーンを付けると、冬に窓から逃げる熱は50〜60%程度の削減効果が期待できます。逃

埼玉県川越市 H邸　平面図

無駄な湯沸かしをなくす保温ポット

断熱性能が高く、日射遮へいや日照調整にも優れるハニカムスクリーン（写真提供：㈱LIXIL）

大活躍の圧力鍋と保温調理器

げていく熱を半分に減らせるってすごいですよね！しかもカーテンと違って光を通すので、日中は照明を点けなくても生活できるそうです。明るさや柔らかさは障子から入ってくる光に似ているので欄間のデザインともよく合います。また、リビングから畳スペースまで大きな一つの空間になっていますが、エアコン1台で暖かく暮らされていました。建物全体の断熱性が高いので、少ないエネルギーで均一に暖めることができています。

またまた登場、圧力鍋！

取材中の密かな楽しみとなった「お鍋探訪」。やはりHさんのお宅でも圧力鍋を使われていたことで、今回ご紹介した1985家族の圧力鍋保有率は100％達成となりました。大きい方のお鍋は熱伝導と蓄熱性が高い鋳物ホーロー製です。

ちょっとした工夫の積み重ねで家電の省エネを

「あまり特別な工夫はしていないので取材に来ていただいても参考になるかどうか…」とおっしゃっていたHさん。確かに、普通にテレビもあるし、エアコンはずっとつけていらっしゃるし、ものすごく厚着をして暮らしているというようなこともないので、確かに最初は「そんなに工夫をしていないのかも？」と

第5章　エネルギー1/2家族訪問　　115

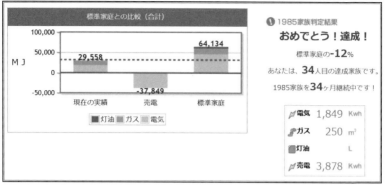

H邸の最新の1985家族判定結果

思ってしまいましたが、よくお話をお伺いすると、テレビは最小限の大きさだったり、固定電話を置いていなかったり、暖房便座は使っていなかったりと、小さな工夫が積み重ねられていました。無理をしていないからこそ、省エネが続けられるんですよね。今後も家電はできるだけ増やさないようにしたいそうです。

建築データ	
住　　所	埼玉県川越市
工　　法	木造在来工法平屋建
竣　　工	2013年
建物性能	熱損失係数(Q値)1.75W/(m²・K)
	夏季日射取得係数(μ値)0.036
	相当隙間面積(C値) 0.4cm²/m²
給　　湯	エコジョーズ
冷暖房	エアコン

[資料]
自宅のエネルギー消費レベルを確認する方法

　自宅のエネルギー消費量を計算して、どれくらいのエネルギー消費レベルになっているかを確認するのはとても簡単です。下記の手順に従って計算してみましょう。計算が面倒であれば、1985 公式ホームページから入ることができる「1985 アクションナビ」に登録して、そこに下記の 1) の結果を入力してください。

I　自宅の一次エネルギー消費量を調べる方法

1)　毎月の電気、ガス、灯油の使用量を調べる

　毎月送られてくる使用量明細書や購入時の領収証、レシートなどから、毎月の電気、ガス、灯油の消費量の最近の 1 年間分の消費量を調べます。日々の消費量については、電話で問い合わせると教えてくれるエネ

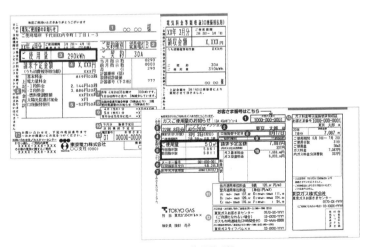

電気・ガスの使用量明細

ギー供給会社や、ユーザー登録をすればインターネット上でわかる仕組みをつくっているエネルギー供給会社が多くなっています。

こうして調べた結果を、表①のように1年分まとめます。

表① 1年分の各エネルギー消費量

年月	電気使用量 (kWh)	都市ガス使用量 (m³)	LPガス使用量 (m³)	灯油使用量 (L)
2011年8月	572	32		
2011年9月	664	34		
2011年10月	354	37		
2011年11月	264	46		
2011年12月	239	58		36
2012年1月	512	77		36
2012年2月	392	72		36
2012年3月	407	73		36
2012年4月	416	67		
2012年5月	347	61		
2012年6月	281	46		
2012年7月	404	42		
合計	4852	645	0	144

※最近の1年間分は、何月から始めてもOK

2) 使用量を一次エネルギー消費量へ換算する

次に、電気、ガス、灯油の消費量を一次エネルギー消費量に換算します。

換算方法はとても簡単で、電気、ガス、灯油の消費量に、エネルギー源別に決められた下記の換算値を掛け合わせるだけです。

〈電気、ガス、灯油の消費量を一次エネルギーに換算するときの換算係数〉
電力　　　　9.76 MJ/kWh
都市ガス　　46.046 MJ/m³
LPガス　　　100.47 MJ/m³
灯油　　　　36.7 MJ/L

表①を用いて、各換算値を掛け合わせると、表②のようになります。

表② 一次エネルギーに換算する方法

年月	電気使用量(kWh)	都市ガス使用量(m³)	LPガス使用量(m³)	灯油使用量(L)
2011年8月	400	32		
2011年9月	445	34		
2011年10月	258	37		
2011年11月	185	46		
2011年12月	167	58		36
2012年1月	358	77		36
2012年2月	274	72		36
2012年3月	285	73		36
2012年4月	291	67		
2012年5月	243	61		
2012年6月	197	46		
2012年7月	283	42		
①二次エネルギー合計	3386kWh	645m³	0	144L
②換算係数	9.76	46.046	100.47	36.7
①×②=一次エネルギー	33047.36MJ	29699.67MJ	0	5284.8MJ
一次エネルギー合計	**68031.83**MJ			

以上で、自宅のエネルギー消費量の計算は完了です。上記の例の場合、最近の1年での一次エネルギー消費量は68031.83MJ、電力消費量は3386kWhとなります。

II 一次エネルギー消費量から
エネルギー消費レベルを確認する方法

1) 平均値を見る都市を選ぶ

表③は、都市別（県庁所在地別）・世帯人数別の年間一次エネルギー消費量合計（MJ）並びに年間電力消費量（kWh）の平均値です。

資料　119

表③ 都市別、世帯人数別の年間一次エネルギー消費量と年間電力消費量の平均値

	世帯人数	全国	札幌市	青森市	盛岡市	仙台市	秋田市	山形市	福島市	水戸市	宇都宮市
合計(MJ)	1人	35,250.8	41,683.0	46,434.8	42,046.2	35,627.0	42,225.2	43,204.7	39,740.5	35,085.6	35,277.2
	2人	65,489.4	83,770.4	94,515.2	82,855.9	66,545.6	83,744.9	83,630.1	75,288.9	64,720.1	65,134.2
	3人	75,821.0	93,309.0	104,572.5	93,186.7	76,956.7	93,827.4	94,938.0	86,358.6	75,257.6	75,691.7
	4人	79,893.4	94,451.2	105,136.3	95,296.1	80,894.3	95,619.0	97,994.0	90,112.8	79,593.4	80,013.1
	5人	92,521.5	114,093.9	128,103.0	113,844.4	93,549.2	114,848.3	115,762.7	105,312.9	91,635.7	92,203.3
	6人以上	113,269.5	149,089.6	169,562.5	146,320.4	114,154.7	148,867.1	146,211.0	130,803.2	111,056.2	111,924.7
電力(kWh)	1人	2,514.6	2,230.7	2,443.7	2,421.8	2,310.7	2,471.8	2,580.5	2,602.3	2,464.8	2,489.8
	2人	4,525.6	4,014.6	4,397.9	4,358.5	4,158.6	4,448.5	4,644.2	4,683.5	4,435.9	4,481.0
	3人	5,285.4	4,688.7	5,316.3	5,090.3	4,856.8	5,195.4	5,424.0	5,469.8	5,180.7	5,233.4
	4人	5,651.3	5,013.3	5,491.8	5,442.7	5,193.0	5,555.1	5,799.5	5,848.5	5,539.3	5,595.6
	5人	6,564.4	5,823.3	6,379.2	6,322.1	6,032.1	6,452.6	6,736.5	6,793.4	6,434.3	6,499.7
	6人以上	8,111.9	7,196.1	7,883.0	7,812.5	7,454.1	7,973.8	8,324.6	8,394.9	7,951.1	8,032.0

	世帯人数	前橋市	さいたま市	千葉市	東京都区部	横浜市	川崎市	新潟市	富山市	金沢市	福井市
合計(MJ)	1人	30,044.5	35,388.7	29,932.4	32,729.9	32,446.5	31,237.0	37,926.5	43,881.1	41,513.3	42,731.8
	2人	55,404.6	64,133.7	54,241.4	58,878.4	58,595.8	56,269.2	70,603.4	83,656.2	77,822.4	79,565.1
	3人	64,409.7	75,262.7	63,646.9	69,335.8	68,909.4	66,256.5	81,729.4	95,513.4	89,607.3	91,939.5
	4人	68,125.9	80,304.5	67,910.9	74,247.3	73,656.9	70,909.1	86,044.9	99,320.6	93,977.0	96,755.3
	5人	78,504.6	91,549.2	77,448.9	84,385.1	83,742.7	80,519.6	99,518.3	116,942.1	109,637.1	112,427.3
	6人以上	95,308.9	109,118.7	92,379.1	100,073.5	99,330.2	95,307.5	121,516.7	147,098.1	135,911.8	138,464.3
電力(kWh)	1人	2,152.4	2,595.5	2,210.9	2,483.6	2,368.0	2,299.7	2,577.6	3,038.8	3,015.2	3,144.7
	2人	3,873.8	4,671.2	3,979.0	4,469.8	4,261.8	4,138.9	4,639.0	5,469.0	5,426.5	5,659.6
	3人	4,524.2	5,455.5	4,647.0	5,220.2	4,977.3	4,833.8	5,417.9	6,387.3	6,337.6	6,609.8
	4人	4,837.3	5,833.2	4,968.7	5,581.6	5,321.9	5,168.4	5,793.0	6,829.5	6,776.3	7,067.4
	5人	5,618.9	6,775.6	5,771.5	6,483.4	6,181.7	6,003.5	6,728.9	7,932.9	7,871.2	8,239.4
	6人以上	6,943.5	8,372.9	7,132.1	8,011.9	7,639.1	7,418.8	8,315.2	9,803.0	9,726.8	10,144.6

	世帯人数	甲府市	長野市	岐阜市	静岡市	名古屋市	津市	大津市	京都市	大阪市	神戸市
合計(MJ)	1人	33,067.5	35,683.8	38,242.1	34,760.0	33,423.9	35,551.8	33,346.6	31,953.3	32,659.8	29,622.8
	2人	62,841.8	67,553.8	69,883.4	63,038.8	60,502.0	65,105.9	60,960.9	57,828.1	58,669.7	53,303.8
	3人	72,528.7	77,510.0	81,603.5	73,966.2	71,039.4	75,910.2	71,138.0	67,918.8	69,149.9	62,769.8
	4人	76,234.0	80,908.8	86,701.2	78,896.2	75,841.4	80,560.8	75,561.6	72,519.4	74,100.0	67,208.2
	5人	88,688.5	94,534.2	99,474.1	89,928.1	86,420.9	92,639.7	86,818.4	82,587.3	84,125.7	76,371.2
	6人以上	109,436.8	117,376.0	119,903.9	107,141.3	102,928.2	112,120.4	104,930.9	98,253.1	99,570.1	90,534.5
電力(kWh)	1人	2,455.5	2,349.6	2,833.5	2,520.9	2,465.8	2,669.0	2,519.2	2,339.8	2,473.3	2,234.2
	2人	4,419.2	4,228.5	5,099.4	4,536.9	4,437.7	4,803.5	4,533.9	4,211.0	4,451.2	4,020.9
	3人	5,161.2	4,938.5	5,955.6	5,298.7	5,182.8	5,610.0	5,295.1	4,918.1	5,198.5	4,696.0
	4人	5,518.5	5,280.4	6,367.9	5,665.5	5,541.5	5,998.4	5,661.6	5,258.5	5,558.4	5,021.1
	5人	6,410.1	6,133.5	7,396.8	6,580.9	6,436.9	6,967.5	6,576.4	6,108.1	6,456.5	5,832.4
	6人以上	7,921.2	7,579.5	9,140.5	8,132.3	7,954.4	8,610.1	8,126.8	7,548.1	7,978.5	7,207.3

	世帯人数	奈良市	和歌山市	鳥取市	松江市	岡山市	広島市	山口市	徳島市	高松市	松山市
合計(MJ)	1人	33,002.7	33,539.4	35,168.7	38,088.7	35,621.3	35,793.9	35,172.4	37,255.4	34,390.6	34,358.1
	2人	59,775.1	61,516.8	65,140.2	70,224.6	65,309.9	65,173.9	64,821.4	68,320.7	62,675.1	62,805.0
	3人	70,161.2	71,558.0	75,486.8	81,510.8	76,055.0	76,229.1	75,311.8	79,532.7	73,216.5	73,284.8
	4人	74,881.3	75,862.8	79,653.3	86,197.5	80,658.7	81,133.7	79,668.7	84,334.2	77,882.5	77,843.5
	5人	85,364.4	87,673.6	92,242.2	99,766.3	92,966.7	92,957.8	92,001.7	97,279.5	89,460.5	89,463.5
	6人以上	101,748.9	107,088.9	112,965.9	122,124.0	112,991.4	111,803.6	112,151.2	118,404.3	108,108.6	108,182.3
電力(kWh)	1人	2,435.8	2,680.5	2,600.8	2,943.6	2,740.3	2,702.1	2,631.7	2,895.4	2,678.2	2,609.2
	2人	4,383.7	4,824.1	4,680.8	5,297.7	4,931.8	4,863.0	4,736.6	5,210.8	4,820.0	4,695.8
	3人	5,119.8	5,634.0	5,466.7	6,187.1	5,759.8	5,679.5	5,531.6	6,085.7	5,629.3	5,484.2
	4人	5,474.2	6,024.0	5,845.1	6,615.4	6,158.5	6,072.6	5,914.5	6,507.0	6,019.0	5,863.8
	5人	6,358.7	6,997.3	6,789.5	7,684.3	7,153.5	7,053.8	6,870.2	7,558.4	6,991.4	6,811.2
	6人以上	7,857.7	8,646.9	8,390.1	9,495.8	8,840.0	8,716.7	8,489.8	9,340.2	8,639.6	8,417.0

	世帯人数	高知市	北九州市	福岡市	佐賀市	長崎市	熊本市	大分市	宮崎市	鹿児島市	那覇市
合計(MJ)	1人	34,013.9	30,267.6	30,669.9	33,942.7	30,467.9	31,934.7	30,430.0	27,503.8	29,617.9	30,555.6
	2人	61,666.7	55,389.2	55,549.2	62,162.5	55,337.0	58,218.1	55,532.2	50,093.1	53,609.9	55,315.2
	3人	72,329.4	64,705.6	65,236.5	72,549.9	64,912.9	68,081.7	64,894.7	58,576.2	62,967.3	64,818.6
	4人	77,155.3	68,712.6	69,631.8	77,005.9	69,194.2	72,423.5	68,996.0	62,335.3	67,228.8	69,174.7
	5人	88,054.6	78,652.2	79,264.7	88,312.3	78,823.7	82,931.5	79,089.1	71,449.2	76,543.0	79,246.3
	6人以上	105,169.0	94,369.1	94,212.2	106,333.8	93,788.2	99,622.4	95,184.4	85,998.9	91,016.3	95,356.6
電力(kWh)	1人	2,528.8	2,118.2	2,208.8	2,432.5	2,148.7	2,354.8	2,256.3	2,083.6	2,155.7	2,453.7
	2人	4,551.1	3,812.1	3,975.1	4,377.8	3,867.0	4,238.0	4,060.7	3,750.0	3,879.4	4,415.9
	3人	5,315.3	4,452.2	4,642.6	5,112.9	4,516.3	4,949.6	4,742.5	4,379.6	4,531.1	5,157.3
	4人	5,683.2	4,760.4	4,964.0	5,466.8	4,829.0	5,292.2	5,070.8	4,682.8	4,844.7	5,514.3
	5人	6,601.5	5,529.5	5,766.0	6,350.1	5,609.2	6,147.3	5,890.1	5,439.4	5,627.5	6,405.3
	6人以上	8,157.7	6,833.1	7,125.3	7,847.1	6,931.5	7,596.4	7,278.6	6,721.7	6,954.2	7,915.3

ここで平均値と比べるために「都市」と「世帯人数」を選択する必要があります。まず都市については、自宅がある都道府県の県庁所在地を選択するのが基本ですが、気候が大きく違うと思われた場合には、別の気候が近そうな都市を選択しても構いません。また世帯人数については、中学生以上の年齢の人数としてください。

2) エネルギー消費レベルを確認する

　平均値と比べることで、自宅のエネルギー消費レベルがわかります。そして、このどちらの消費量とも平均値の半分以下になっていれば「1985家族」となります。

　では、Ⅰで一次エネルギー消費量と電力消費量を求めた例を用いて、エネルギー消費レベルを確認してみます（表④）。平均値を求める都市を大阪市、自宅の世帯人数が4人であったとします。

表④　平均値との比率を求める計算

	一次エネルギー消費量	電力消費量
Ⅰの結果	68031.83MJ	3386kWh
大阪市／4人世帯の平均値	74100.0MJ	5558.4kWh
平均との比率	91.8%	60.9%

　この例に用いた家族は、電力消費量は平均と比べてかなり少ないものの、一次エネルギー消費量は平均値に近くなっていることがわかります。また「平均との比率」がどちらも50％以下になれば1985家族になるわけですが、電力消費量は平均と比べてそれほど多くないので、ガスや灯油の消費量を減らすことができれば、1985家族に近づくことになりそうです。

対談

対談 1

女性目線でエネルギー、自然、地域をとらえる

大橋マキ × 野池政宏

おおはし　まき／IFA認定アロマセラピスト、アロマ空間デザイナー
放送局を退社後、英国で植物療法を学び、帰国後は病院でアロマセラピストとして活動。アロマ空間演出のほか、国産精油による地域振興も行う。ガーデンやアロマを活用して地域福祉に取り組む一般社団法人はっぷ代表。

---------自然の中で暮らした記憶

野池　いま新居を検討されているという話をお聞きしました。
大橋　そうなんです。ここのところずっと逗子のあたりに住んでいました。古い家が好きだったのでずっと賃貸ですね。葉山の築60年くらいの山小屋風の家にまず住んで、次は逗子に行って築100年ぐらいの「サザエさんのおうち」みたいなところで暮らして…。

　逗子の家は、平屋で、縁側があって、そこをリフォームして、屋根を付けて。ハワイのラナイみたいな雰囲気に造り替えて暮らしていました。戻ってきたらそこにまた戻ろうか、それとも子どもたちが大きくなってきたから少し広めの家を建てようかと話しているところです。

　以前、東京の目黒のほうで家を建てたんです。そのときは1人目の子どもが生まれた頃で、ものすごくエネルギーを注入して、本業以外に一本仕事をやっているくらいの状況でした。打ち合わせを夜中の12時から始めたりし

1985アクションを広げていくに当たっては女性が大きな鍵を握ります。多くの家庭において実際に省エネを進めていく主役は女性だからです。そう考えて、生活者目線を持った女性にご登場していただきたいと考えていたとき、大橋さんが頭に浮かびました。大橋さんは(株)OMソーラーが出している「きづき」という定期刊行物の対談コーナーに登場されていたことがあって、とても素敵な方だと記憶していたのです。そこでOMソーラーの方につないでいただき、対談が実現できました。

　大橋さんはフジテレビのアナウンサーをされていましたが、その後、雑誌「ソトコト」に寄稿されたり、「素敵な宇宙船地球号」のナビゲーターをされたりと、環境に関わる活動を続けておられ、アロマセラピストとしてもユニークな取り組みをされています。

て、建築家さんにも申し訳なかったです。

野池　大変な作業ですよね、家1軒建てるっていうのは。

大橋　そんな経験をして、とてもエネルギーが要ることがわかっているので、覚悟しなくちゃと思っています。

葉山の家にて。当時2歳だった娘は朝一番で裸足のまま花を摘みに外へ行き、食卓に野花の花束を持ってきてくれました。おままごとも、庭につづく縁側で。

野池 でも、楽しんで家造りされそうです。

大橋 凝っちゃいますよ、どうしても。だからずっと、リフォームをやり続けていたんです。縁側だけやろうかとか、やれるところだけ。古い家の味は活かしてという発想のほうがやりやすかったですし。

野池 一からっていうと、大変ですもんね。

大橋 一からだとそれこそ周りの環境というか、周りがどんな自然に囲まれているのかも大きな判断材料になります。裏に森がある土地を見たら、「森へ抜けられる道も造っちゃおうか」という発想が生まれたりしますね。

野池 前の古い家に不満はなかったのですか?

大橋 どうしても古い家って癖がありますよね。それが面白さでもあるんですけど、隙間風はどうにもならなかったり、断熱が厳しくて寒かったり、障子は全部子どもが穴開けちゃって、子どもに「うち、お化け屋敷みたいだね」なんて言われたりもしていました。

　古い家は大きさ的にもちょっと小さめで、天井も低めにできているというのが小さい子どものいる家庭にはぴったりだったんですよ。家事もしやすいですし、全体の気配が感じられますし。でもいろいろ状況が変わってきて、新しい家をつくるのもひとつの選択かなと。

野池 考え出すといろいろあるんでしょうけど、マキさんはやっぱりロケーションにこだわりそうですね。さっきも森の話が出ましたが、緑が周りにあったら本当にいいですよね。

大橋 いま住んでいるイタリアの街は緑が少ない石の街なので、緑が見えるだけでうれしいし、緑の近くにいたいという気持ちがあります。

野池 お父様の転勤が多かったようですが、田舎に暮らすことも多かったんですか。自然が好きだということですが。

大橋 そうです、多かったんですよ。子どもの頃はザリガニ取りして、木登りばっかりしているような日々でした。結局、いま子どもたちが同じことをしています。この間も久しぶりに日本に帰ってきて、お友達と恵比寿で会ったんですけど、なぜか結局子どもは木登り。

野池 恵比寿で木登り。

逗子の古家の庭にハンモックを立てて読書タイム
(© 神ノ川智早)

大橋 そう、恵比寿で木登り。やっぱり、子どもはそっちに行くと思うんですよ。落ちても大怪我はしないということを私は知っているから安心して見ていられます。街中での子育ても田舎の子育てもやってみて、自然の中が一番というのがいまの結論ですね。

子どもの頃は父がすごく忙しくてほとんど家にいなかったのですが、ご近所のお兄ちゃんたちと一緒に排水溝や田んぼでザリガニの糸を仕掛けているその目線のままの画像を、一枚一枚鮮明に覚えているんですよ。ああいう体験がその人の生活の理想像や価値観の基盤を作ると思います。

野池 そうですよね。私は大阪市内まで電車で30分くらいの町で育ったのですが、周りには田んぼがあって山がありました。そこでマキさんとまったく同じように、ザリガニ取って、魚釣って、基地つくって。そんなのが大好きでした。

大橋 やりました、秘密基地。

野池 そんな毎日がすごく面白かった。いまでも藁でつくった基地の臭いを覚えています。ところが小学校3年のとき、急にその年から田んぼにザリガニもタニシもまったくいなくなったんですよ。ホタルも消えて。それに私はすごい衝撃を受けたんです。そのときには原因もわからなかったのですが、後でそれが農薬だったことがわかりました。

大橋 感覚的に、その薄気味悪さって残るんでしょうね。

野池 同じ頃に近くの山が壊されてダムになって、クワガタが取れなくなったりしたこともあって、ものすごいショックでした。人間って自然を殺すのか、という恐怖を感じたんです。自然を殺さずに人間がうまく生きていく方法を探るというのが私の仕事の大きなテーマになったのは、この体験があったからです。

大橋 人が自然環境からどんどん離れていっている近頃の変化にびっくりして、こうした時代に、どこでどうやって生きていくんだろうって、想像がつかないです。でもそのときに子どもの頃の感覚をどこかでちゃんと覚えていれば、人として、いろんな生き物とか、いろんな国の人たちと生きていくときの拠り所になるんじゃないか、ヒントになるんじゃないかと思いますね。

───────────── **アロマセラピーからソーシャル・ファーミングへ**

野池 マキさんがアロマセラピーをやっておられることと、マキさんのそうした経験とか感覚とは、つながりがありそうですね。僕はアロマセラピーって全然分からないんですけど、いまそのあたりの動きはどんな感じですか。

大橋 イタリアではほとんど活動ができていません。私が個人的に作っているアロマを身に着けていたりすると、友達のママたちが、「それ欲しい」と言われて少しつくったり、アロマと関連してイタリアの修道院の薬草園を取材して記事を書いている程度です。

　でもアロマセラピストとして日本での活動は本当に広がっています。私はアロマセラピーの中でも、ご高齢の方とか在宅で介護されている方に向けた動きを中心にずっとやってきました。葉山でも畑を中心としたソーシャル・ファーミングという形で続けていて、今回の帰国中にも何回かイベントを開催します。お年寄りの方に施術をして、100歳近いお年寄りが4年、5年とアロマを続けていると、その人の命とか力みたいなもの、ダイナミックな動きみたいなものが感じられるんです。100年も生きていらして、こんな力があるんだって驚きます。

　そうした経験は私にとっても貴重ですし、アロマセラピストとしても意味のあることなのですが、それは点と点とのつながりでしかありません。たと

コミュニティガーデンに咲くホーリーバジル

えばその方がおうちに帰られてからどうされているか、家族や近所の人たちがどう関わっておられるかというのは分からないんですよ。個人情報の問題もあって、私たちセラピストは知ることができない。

そこをもうちょっと緩やかに見守れるような環境ができないのかな、と考え始めたのがソーシャル・ファーミングです。始めて5年ぐらいになります。いまはみんなで畑をやって、ホーリー・バジルというリフレッシュするような香りのバジルを育てているのですが、お花がすごくいい香りで、近づくだけで風がふわっとすごく爽やかで。それをみんなで収穫して、乾かして、お手玉つくったり…。

お手玉と言えば、このあいだ震災を受けた熊本のデイサービスにお届けしました。偶然にもお手玉チャンピオンの方がスタッフにいらっしゃるところで、とても喜んでくださったそうです。お手玉って懐かしい物だし、子どもたちと遊べるだけでなくて、香りを枕の所に置けば仮設の人たちもぐっすり眠れるという効果も期待できます。そうした人との関わりの中でアロマを使っていきたいっていう思いが強いんです。わかっていただけますか？

野池 ちょっと変なとらえ方かもしれませんが、アロマはきっかけであり、人とか地域とかをつなぐひとつの道具ということですか。

大橋 そうそう、まさしく道具です。私はその道具そのものをつくることもさることながら、その道具から生まれるものというか、つながりみたいなものをつくる場に参加したいのです。もちろんいい道具であったほうがいいの

で、真面目に取り組みますが。

　アロマにそういう役割ができるっていうのは、自分が母親になることで知ったところが大きい気がします。母親であることで自分が動ける範囲が狭くなってくるのですが、同時にご近所のママたちに助けてもらう機会も増えました。そうなってくると、いままでは思いつかなかったアイデアが生まれ、自分で全部やらなくても大丈夫という発想ができるようになりました。ソーシャル・ファーミングもいますごく面白い動きになっていて、それぞれの得意分野のママたちが畑の指導をしたり、お料理イベントを開催したり、縫い物クラフトの商品化をしようという動きが出てきたりしています。また、セラピストのママたちと整体師さんや中医学の人が集まって、地域の養生チームを立ち上げました。

野池　それいいです。面白いです。

大橋　主役は患者さんであり家族なので、いろんな分野の専門家がチームになって、そのときに必要なものを、これまでにはない枠組みでアプローチできるようにしようとしています。

野池　人が寄ってきたら、それぞれがやれること、得意なことや知恵をみんなで出し合って、それぞれの分野の先生みたいな形で関わっていく。私はそんな感じが大好きです。

　私は様々な分野でユニークな取り組みをしている方と話をしたり、本を読

コミュニティガーデンの畑仕事の合間に、お昼休憩

んだりすることが多いのですが、高齢者のこととか、地域とか、人のつながりとか、人との距離感とか、人の集まり方とか、全国でおもしろいことに取り組んでいる人が持っている感覚や方向がマキさんとすごく一致していると感じますね。

大橋　それはとても興味深いですね。私は、この人はいつも先生、この人はいつも生徒という形がすごく退屈なのです。野池さんも教えてばかりだと、ちょっと疲れませんか。

野池　そんなことないですよ。私のテーマは省エネですが、それはあくまで家づくりの一部に過ぎません。それを家づくりの重要な一部として認識してもらい、実際に省エネになる家づくりをしてもらおうと思えば、家づくりの全体をつかむ必要があります。でも、私がわかっていることはごく一部なので、家づくりに関わる人と話をするときは、いつも生徒という気持ちでいます。

大橋　講座みたいな感じでずっと自分が教えているよりも、みんなで「次はどうする？」みたいなことがわくわくして好きなんです。

野池　まったく一緒ですよ。1985 アクションは「小さなエネルギーで豊かに暮らせる家づくりができる、良いチームをつくろう」という呼びかけです。そんな呼びかけに反応してくれてたくさんの人たちが集まり、自立的・能動的な動きがどんどん活発になっています。そうした活動にキャプテンのような立場で関われることは本当に楽しいです。

大橋　なるほど、野池さんはキャプテンらしい。研究者という立ち位置ではないですよね。

野池　そうそう、私の役割は研究ではなくて普及です。客観的に見て「正しいもの」を普及したい。最小限のエネルギーで住み心地が良い家を普及することはきっと間違っていないから、それをやりたいと思っているわけです。でもそれには、論理的に正しい技術が必要だし、そのあたりは少々得意なので、勉強や測定などをして適切な情報を把握します。このあたりは私の研究者的な部分ですが、それだけでは普及にはなっていかないので、家づくりの全体を知って、お客さんにどううまく説明すればよいとか、家づくりの実務

者がどんな気持ちで仕事をしているかもつかむ必要があります。このあたりは大学の研究者とは発想がまったく違うところだと思います。

大橋 そうしてやっておられる普及が、私から見ると相当な成功を収めておられるように見えます。そのへんのポイントはどこにあるのですか?

野池 いや、まだまだ全然成功というレベルじゃないですよ。もっと省エネが進まないといけない。でも、ようやく最近になって「こうやって進めていけばよさそうだ」ということが見えてきたように思います。簡単に言えば、「省エネと楽しさが重なるところを見つけて、それをしっかり伝える」ということです。やっぱり楽しくないと前向きになれないし、続けられないのが人間ですよね。そうやって、省エネは楽しいと思ってもらえれば、たとえば地球温暖化といった大きなテーマにも興味を持ってもらえるようになってきます。家庭の省エネというテーマを追いかけて 15 年以上になりますが、やっと伝え方がわかってきたという感じですね。

大橋 そうした試行錯誤を続けるっていうのは本当に大変なことだと思うのですが、そもそもそのモチベーションになっているものは何なのですか?

野池 私は生まれついて「気になることは解決したい」という、ある意味おせっかいな性格なんだと思います。そして気になることが結構多いんですよ。でも、気になることのすべてを自分で解決できるわけがないから、それぞれのタイミングで「自分で解決できそうなテーマ」を見つけ、それに向かっていくという人生なんです。

　それで、私がずっと気になっている根本的なテーマが「なぜ、こうして大きな不幸が世界中で起きているんだろう?」というところにあるので、その解決に関われるテーマで仕事ができれば、私の人生として最高に幸せなんです。

　エネルギー問題はまさしくそうしたテーマです。だから目の前の課題が大きくても、なんとかしようと考えるんだと思います。そういう意味で、マキさんのやりたいことの中のアロマと、私がやりたいことの中のエネルギーって同じような位置になる気がします。目指したいことを実現させる道具ですね。でも重要な道具だから、しっかり道具を磨いて、よいものを生み出したい。

自然と最適に付き合える住まい

大橋 ところで、時代の変化とともに、家づくりのニーズはかなり変わってきているんですか？

野池 そうですね、かなり変わってきていますね。いまいちばん変わってきているのは省エネの分野です。私が一生懸命伝えようとしているのは、家の周りの自然と最適に付き合える住まいの大切さです。自然とうまくつながる家にすれば、心地よくなって省エネにもなる。

大橋 例えば近くに森があったら、そこに抜ける道を造ろうというふうに、家の周りの素敵な自然環境と近づこうとするのが正解じゃないですか。

野池 いま私たちが考えているパッシブデザインは、太陽や風とうまく付き合える家を考えていくということなのですが、いまのマキさんのお話しのように、自然そのものに近づいて豊かに暮らしていこうという発想もすごく大事ですね。パッシブデザインは「建物の周りの自然を意識する」というところが大きなポイントなので、自然と触れ合って、その豊かさを体感している人ほどパッシブデザインの大切さを理解してくれるのかもしれません。

大橋 先ほどもお話ししたように、私は高齢者の方と接する機会が多いのですが、そういう人たちは自然と付き合う知恵の宝庫で、自然の豊かさを本当

逗子の古家の庭でハーブや野菜の収穫
（© 神ノ川智早）

に知っておられると痛感します。葉山で麦の種をまいたときも「この麦でね、収穫した後に茎の部分を使って昔は虫籠を作ったのよ」って。またその虫籠がすごくきれいなんです。「昔は年上のお兄ちゃんたちがやってくれて、私たち下の女の子たちは見せてもらってね」なんていう話を聞きながら、一緒に虫籠をつくるというのは最高でしょう。周りの環境を素直に利用しながら遊んでいた時代の人たちから教わることがとてもたくさんあります。

野池　そもそも木とか草とか自然のものには安らぎを感じます。見ても触っても、臭いを嗅いでも…。それを使って遊び道具をつくることを考えると、アイデアは自由だし、手先は器用になるし、素材の特徴なんかも覚えたりできる。人工的に与えられた遊び道具とはまったく違いますよね。失敗したらまた取りに行けばよくて、お金を出してお店に買いにいかなくてもいい。もう圧倒的勝利ですよ。

大橋　本当にそうですよね。おじいちゃんやおばあちゃんからいろんな世代が遊び道具のつくり方を教えてもらうのはお互いにとってすごく楽しいし、意味があります。つまり「自然プラス多世代」というのが大きなキーワードだと思います。でも、高齢者のいらっしゃる施設に出入りすると、繊細に安全性やリハビリの工夫が備わっているのは素晴らしいと思う一方で、セットアップされ過ぎているように感じてしまいます。地域で見守りながら、自然とつながる中で、お年寄りの感性が放たれるような有機的な反応が生まれたら素敵です。いま畑の活動に協力してくださっている葉山のデイサービスがまさにそんな環境です。

野池　セットアップされ過ぎているというのはいろんな場面で感じます。それはきっと、自然の場が絶対的に少なくなったことと、過度の安全主義というか、子供が怪我をしたらすぐに管理者にクレームを言うような人が出てくるような時代になっちゃったのが原因なのでしょうね。だから用意し過ぎるでもなく、放置し過ぎるのでもなく、誰かが少しだけアプローチをして、そこに集まろうという発想でやらないと、特に町場では難しい。もしかすると、田舎はさらに自然から離れているのかもしれませんね。子どもがそういうところで遊ばないとか、親も車にずっと乗ってるとか。

大橋 与え過ぎないことって大事なんですね。そういえば、さっきの恵比寿で木登りした公園ですけど、遊具が最近全部閉鎖されているんです。

野池 やっぱり。でもそうなったらみんなが木登りしたらいいんですよ。

大橋 そうそう。不便だから、逆に野生が引き出される。かゆいところに手が届き過ぎないのも大事だなと。本書にも書かれているように、節水できるシャワー・ヘッドがあったり、日本ってすごく洗練されていると思いました。すごく面白くて、こんなことがいまはできるんだって。ああいうものをうまく取り入れつつ、便利過ぎないのがよいですね。

野池 便利と不便のさじ加減が難しい。不足でもなく過剰でもないところを目指すのがよいですね。省エネの家という話で言えば、まず家の造り自体は自然とうまく付き合えるようにしておいて、便利な機器や道具、エネルギーをつくり出す太陽光発電もあるので、そういう知恵とか機器をうまく使う。それで、我慢するときはちょっと我慢する、というバランスがすごく大事だと思います。

暮らしのなかでエネルギーを考える

大橋 エネルギーは選びたいとか、作れるなら作りたいというニーズは基本的にあるんですよね？

野池 もちろんあります。最近は、国も太陽光発電をたくさん載せて、年間のエネルギー収支がゼロ以下になるような家づくりを普及させようとしています。マキさんの家づくりはまだ先の話でしょうけど、太陽光発電はどうするんですか？

大橋 もちろん入れますよ。

野池 蓄電池も入れて、できるだけエネルギー的に自立したいとか。

大橋 例えばニュージーランドに住んでいる友人は自分のパソコンワークの電気を、バルコニーにぶら下げている小さな太陽光パネルで賄ったりしています。その方はアウトドア関連のお仕事をされているのですが、当然パソコンも使うわけです。それで、「自分が愛する自然の仕事をやっているのに、それで電気を食っているのはなんか嫌だ」と言うんです。家全体がエネルギー

対談1　大橋マキ　　135

的に自立するというのもよいですが、その人それぞれのエネルギーの使い方やつくり方を選択するという発想でいいのかなと思います。

野池 マキさんにとってエネルギーってどんな位置づけですか?

大橋 エネルギーがないと生きていけないから必要なものですよね。でも同時に、楽しくしてくれるものだし、豊かにしてくれるものでもある。だけれども、楽しいからっていって、そこに必要以上に無駄なものが出てきたら罪悪感を覚える。そんな存在ですね。例えば飛行機にも乗らざるを得ないので、それにも罪悪感があるわけだけど、そういうことが日々の暮らしで出てくると、できるところは効率的にしたいと思います。見えないから、特に。

　水だったら「ほら、もったいない」と子どもにも言っても通じやすいし、自分でも理解しやすい。電気も常々「電気をつくっている人たちがいるから無駄にしたらいけないよ」って言うんですけど、ぼんやりしているんです。エアコンは実はこまめに消さないほうがいいとか言うじゃないですか。でも、どの程度こまめに消さないほうがいいのかとか、判断が難しいです。

野池 私も最近まで、エアコンの使い方が結構大きな話題になっているのを知りませんでした。

大橋 うちの夫は「こまめに消さないほうがいいんだ」と言って、割とつけっ放しにして出掛けちゃいそうな感じなんですよ。でもつけっ放しで外出するのにはすごく抵抗感があります。

野池 とにかく、よほど例外的な状況じゃない限りこまめに消すほうがいいです。だからマキさんの直感が合っています。

大橋 それはうれしいです。そういうのがきちんとわかってくると、自信を持って楽しく工夫できます。

野池 いろんな知識を持っていれば、いろいろな工夫を実践するのが面白くなります。私の家はエアコンがないから工夫するしかない。先ほども話題になりましたが、あまり便利にしてしまうと知恵や工夫が生まれないのでしょうね。

大橋 いろんな環境に身を置いてみて身体で分かることってありますよね。そういう意味では都会に住んでみることも意味があるんだろうなと思いま

す。自然に囲まれた場所での暑さと都会で感じる暑さと全然違いますよね。

自分の家のそばに水辺があるのが楽なんだとか、広い空があるとすごく楽になるとか、車が少ないほうが気持ち良いとかという実感も、都会と地方の両方に暮らしたからこそ得られたわけです。そうそう、ミラノの人たちってお金持ちでなくて普通の家庭の人たちでも、水辺や山にセカンドハウスを持っているんです。その場所がまさしく葉山だと感じたり、やっぱり葉山が良いなあという発想になったりします。

ミラノという石の街で教わることはすごく多かったです。都会なのに、いろんな意味で途上国みたいなところがあるんです。たとえば省エネ家電なんてないし、アパートに住めば水回りのトラブル続出だし、エアコンも効かないのが当たり前だし…。だけど、立ち遅れていることを変えようとしないというか、ぶうぶう言っている人たちも別のやり方で対処しています。

たとえば、ものすごくたくさんの植木をバルコニーに生やして、日本人から見たらちょっと風通しや日照は大丈夫かなって思っちゃうくらいにバルコニーが森のようになっている家があったりします。それで日差しを遮って、涼しい風だけ入れるようにしているんですよ。日本で言えば、すだれとかよしずのように、伝統的な取り組みが多い。エアコンには頼れないとか、建物自体が古いからどうにもならないとか、きっといろんな事情があると思うんですけど。

野池 いいですね、まさしく私たちがすごく大事にしている"自然と応答する暮らし"です。

大橋 石の家なのでアパートのホールとかがすごくひんやりするんですよ。だからみんなシャッター閉めて日陰にするんです。真っ暗です。ミラノはみんな夏はシャッターが閉まっている。そして夜になったら開けて風を通す。

野池 賢いなあ。暗い場所は涼しいことを実感して暗くする。夜の涼しい風を取り込む。そうやって得られた涼しさってエアコンをかけて得られる涼しさとは違いますからね。

大橋 涼しさを能動的に取りに行く感じなので、肌感覚も違ってくるんでしょうね。どこまで本当か分からないですけど、昔の江戸仕草のうちわはパ

対談1　大橋マキ　　137

パタパタあおいじゃいけなくて、ゆったりあおぐ。あれももしかしたら、風が当たらない時間をつくることでスローダウンさせて、捉える側の皮膚感覚を敏感にして涼の質を変えていると思うんです。これも涼を取りに行くってことじゃないかな。

　でもね、もうこれ以上無理だと感じると、みんないなくなっちゃうんです。セカンドハウスに逃げちゃう。

野池　それは最高の省エネになる方法ですね。日本でも仕事の仕方とか休暇の取り方なんかも変わってきたので、もっとみんなそういう暮らしをすれば良いと思います。

地域ベースで楽しみながら広めていく

大橋　ミラノと日本の比較じゃないですけど、1985の活動って地域を大事にされていますよね。

野池　地域ごとに気候も違うし、暮らし方も、文化も、価値観も違う。だから地域ごとに小さい単位で広げていくしかないというのが自然な発想だと思います。最近は全国で地域性を大事にする様々な取り組みが出てきたので、それに共感、納得した部分もあります。

大橋　どんなふうに、そうした地域性のある取り組みを全国に広げていかれたのですか？

野池　情報の出し方の側面で言えば、地域に合った省エネの家づくりに関する原理・原則を伝えていったところが認められたように思います。原理・原則がわかることで、それぞれの地域に合った家づくりの方法が見えてきます。また活動の方法に関して言えば、「各地域で小さな点をつくり、それを増やしていって全国に広げて、面にしていこう」というメッセージを伝え続けたのが良かったのかもしれません。この方法論であれば、各自がそれぞれの地域で頑張れば、いつかは全国に広がって結果的に大きな活動になるというイメージを持ってもらえます。各自が全国というものを意識しなくても、いまの地域での取り組みをしっかり続けていけばいいんだという確信が得られます。

大橋 やっぱり小さな地域が基本ですよね。しかもその小さいっていうサイズ感も場所によって違うと思うんです。いまちょうど、そうしたことを判断する岐路に立たされているんですが、考えるうちに孤独になっていくんです。

野池 私も何年か前までは、省エネに乗ってくる人がほとんどいなくて、ものすごく孤独でした。いまはめちゃくちゃハッピーですけど。

大橋 良かった。では、岐路に立ったときにどういうふうに決めればいいのでしょうか？

野池 どっちに合う人がいるかですよね。それに尽きると思います、僕は。

大橋 合うっていうのは、志の部分ですか。

野池 志とか、相性とか、直感とかも含めてですけど、この人だったら一緒に何かやって楽しそうだなとか、長く続きしそうということだと思います。私の活動に積極的に関わってくれている人たちは、きっと私に対して「一緒に何かやれば楽しそう」と感じてくれているんだろうし、私も「一緒にやれば楽しそう」という感覚がある人たちに対して、能動的に接してきているはずです。そうやってどんどん楽しくなっていく。

大橋 いやあ、ありがとうございます。それはシンプルですよね。絶対分かります。それ大事ですよね。楽しい、楽しくないは。

野池 楽しくないと良いものは生まれないと思います。最近になってギター

逗子の古家で庭に続く縁側をラナイに変えてお友だちとウクレレの練習を（©神ノ川智早）

庭は家族みんなの遊び場。春先には地元の浜に流れ着くわかめを干したりもしました。

を復活して、仕事仲間とかとバンドを組んでいるんです。仕事を一緒にやっていたら音楽が好きなことが分かって、じゃあやろうかというノリで。それでまあまあ真面目にやってライブに出たらまあまあ受けて。そうやって、仕事だけの付き合いじゃなく、人として付き合うことで、一緒に前に進んでいける気がします。

大橋 素敵ですよ。私もウクレレを少しやっているのですが、そんなふうになりたいです。それこそ一緒にいま畑をやっている介護関係の人は地元の鎌倉、逗子、葉山あたりの人たちで、みんなサーファーです。そこに身障者の方がいたりとかすると、身障者の方とボードに乗ってみようとする。逗子の友人たちは海の達人だらけで、彼らが主催する子どものアフター・スクールで、カヤックやサーフィンやボディボードをやりながら、やっぱり海で遊ぶから海のことを知ってなきゃいけないって言って、波を読むために気象の勉強をしたり、風の読み方を学んだりしているんです。マグロの解体も一緒にやったりして、大人たち自身が楽しんでいますからね。仕事っていう感じが全然ないんですよ。

野池 楽しいといえば、自分の家で省エネに取り組むのも同じです。さっきマキさんが言っておられたように、例えば涼しさをうまく取りに行って「涼しいなあ」と感じながら、結果として省エネができていたら楽しいじゃないですか。

そうした感覚的な楽しさもすごく大切だけど、もうひとつは「こんな工夫をしたら、これくらい省エネになって、これくらい光熱費が少なくなった」という具体的な楽しさも大切だと思うんです。だから私は「それぞれの工夫による省エネ効果」をできるだけ具体的に示すようにしているんです。

大橋 家づくりはお金が掛かることですね。具体的な効果とか目標があったほうがわかりやすい。

野池 いまでも女性のほうが長い間家にいるじゃないですか。それから最近は特に新しい家を建てようかとか、リフォームしようというときの打ち合わせの主役は女性です。その女性に対して、省エネで快適になる住まいと暮らしというものをどういうふうに伝えていけばいいのかということを私なりにいろいろ試行錯誤しながら考えています。最近になって「こうすればいいのかな」ということが見えてきたのですが、まったく個人的な意見でもいいので、マキさんとして「こうすればいいんじゃないか」っていうアイデアはありませんか？

大橋 すごくシンプルだと思いますね。まずは家事をやる中で手軽にできることを示すのがよくて、さらにそこに子どもと一緒に楽しみながら教育的な意味が加わるといいですね。やっぱり環境やエネルギーのことを本で読んだりニュースで見たりして、分かっているつもりでも分かってないことって山ほどあるじゃないですか。子どもに分かる内容で、一緒に親も理解するとおもしろいものがいっぱいあると思います。

横に子どもがいて説明しなくちゃいけない場面によく遭遇するんです。そこで活かせるわかりやすい情報があると、子どもの目もあるし、ちょっと一緒にやってみようかなと思います。それに影響されると、お父さんも動かざるを得ないですし…。

野池 なるほど。1985でも親と子どもが一緒に省エネを考えるというイベントを開催しています。そういうのを地道にやるのがいいんですね。

大橋 ゴーヤとかグリーンカーテンもそうですけど、子どもがきっかけでやれるようなことは結構多いですよね。夏休みの宿題だけじゃなく年間を通しての研究をやらせるとか、最近は教育が変化してきて、みんなそんなネタを

対談1　大橋マキ　　**141**

庭先でとれたカラスウリをクリスマスリースに

探して大変じゃないですか。家の周りでそれができたらいちばんですよね。たとえば家の周りの環境を生かした住み方とそうでない住み方を比べる方法があったらやってみたい。

野池 そうすると、どういう場所のどんな家に住むのが気持ちよくて楽しいというイメージが生まれてきそうです。

大橋 アロマでも太陽が少ない季節に太陽に変わるような要素として、例えばミカンのフレッシュな香りで暖かさを演出することで快適性や感情を少しコントロールできないか、という発想があるんです。

野池 へえ、なるほど。僕の仲間の工務店が面白いことをやっています。ここの窓を開けたら風が通るシールをつくって、家が完成したときにそのシールを窓に貼る。地域密着で家造りをしていて、夏でどっちから風が吹くかが分かっているからできるアイデアです。

大橋 おもしろいですね。そうやって専門家の知恵をもらいながら、自分たちでもいろいろ工夫して暮らしていたら、「この季節ならこの場所がいちばん気持ちいい」というのが見えてきそうですね。葉山だったら絶対デッキだなあ。

野池 やっぱり地域によってそういう場所は変わってくるだろうし、やっぱり自然を感じる場所が気持ち良いはずです。たとえば先ほど言われた畑に小

逗子の古家の庭で朝食（© 神ノ川智早）

屋をつくろうと思われたりしたら、そこに僕らの仲間の工務店や設計屋さんが自然な形で入ってお手伝いすることなんかもできると思いますよ。

大橋 ぜひぜひお願いします！やっぱり福祉業界もお金がなくて、助成金をもらうことを考えたり、もっと地元の企業などとつながって、うまく進んでいく方法を考えないといけないですよね。

　地域の人たちの共通項みたいなものを見つけて、つながるきっかけが欲しいんです。ましてや福祉の世界となると、割と硬いテーマなのでママたち世代がなかなか入りにくい。なんかこう楽しくアクティビティみたいな感じで進めていける道を探っているところです。

　小屋と言えば、蔵を改造してカフェにしようという計画がありました。以前活動していた、時代劇に出てきそうな里山に、築100年以上の古民家と蔵があったんです。地元の大学の福祉関係の学生や建築学科の先生と一緒に、ここをどう改造しようかという話が出ていた。結局実現できなくて、ほんとに残念でした。でもまた場所を変えて、デイサービスだけではない多機能施設をつくろうとしていて、土地探しをしているところです。

野池 年を追うごとにですけど、設計を含めて、家を造る技術というのはものすごい価値があると思うようになっています。地域にとってもものすごく大事だと。でも多分、その地域の人たちはあまりそう思っていない。

対談1　大橋マキ　143

その中で僕のテーマは省エネなので、それぞれの地域でちゃんとした省エネのアドバイスができる工務店とか設計屋さんを集めたいと思って活動しているわけですが、その先には省エネのことをきっかけにして、自分たちの地域にはこんな幅の広い技術を持った会社や人がいることに気が付いてほしいという思いが強いのです。そういう人たちとつながる機会があればすごくうれしいです。

（2016 年 7 月　横浜市にて）

対談 2

長野県の環境エネルギー戦略

中島恵理 × 野池政宏

なかじま　えり／長野県副知事
1995年京都大学法学部卒業後。環境庁（現：環境省）入庁、2011〜13年まで長野県環境部温暖化対策課長、15年より現職。02年より長野県富士見町と東京（現在は長野市）で2地域居住。富士見町では再エネを取り入れ、セルフビルドで自宅を建築した。

自治体が進めるエネルギー戦略

野池　長野県で取り組んでおられる、大変ユニークなエネルギー戦略、正確には「長野県環境エネルギー戦略」をつくろうとされたきっかけと、実際にこのような形になった経緯などをお話しいただけますか。

中島　まず背景としては、法律で県レベルの地球温暖化対策の計画をつくることが努力義務になっていたことがあります。私が長野県に来る前から、国の法律と県の地球温暖化対策の条例の両方に基づき計画をつくっていました。私が2011年4月に長野県に新しく設置された温暖化対策課の課長として来たときは第2次計画段階で、第3次の計画の策定に2年間関わりました。

野池　震災の直後ですよね。

中島　そう、直後ですね。それまでは環境政策課という環境政策全般を扱っている部署の一部の係が地球温暖化対策を担当していたのですが、2011年4月から省エネ部門だけではなくて再生可能エネルギーも新しく付け加える形

2015年は全国省エネミーティングを長野市で開催しました。そのときに長野県副知事である中島さんにご登壇いただき、「長野県環境エネルギー戦略」についてご紹介いただきました。長野県で開催したのは、この取り組みがとてもユニークで素晴らしいものだと感じており、1985アクションと長野県が何らかの形でつながるきっかけになればと考えたからです。地域主義、地域主導で省エネを進めていくのは1985アクションの大きな柱のひとつです。

中島さんは京都議定書の策定当時、環境省で地球温暖化対策に深く関わられた経験をお持ちで、現在の環境エネルギー戦略の策定を主導されました。また長野県で環境に配慮したご自宅をセルフビルドされ、その経験が長野県の取り組みに活かされているようにも感じます。

で独立した温暖化対策課が設置され、2年間の検討を経て、第3次の地球温暖化対策の計画として「長野県環境エネルギー戦略」を策定しました。私自身、環境省にいるときに地球温暖化対策にも関わっていて、かなり苦労していました。もちろん長野県でも関係部局の調整とか難しい部分はありましたが、国での各省間との折衝等とは違ってかなりやりやすかったと思っています。

野池 なるほど。県で独立した温暖化対策課をつくったというのがまず大きなことですね。

中島 私が環境省で温暖化対策に関わっていたのは2001年から2003年頃で、ちょうど京都議定書を批准するときです。環境省では以前から環境税や排出権取引等の制度を検討していました。

一方、アメリカや中国が参加しない京都議定書に対する産業界の反発が非常に大きく、その当時は、京都議定書を批准することを最優先させ、環境省としては新しい規制的な制度や経済的な制度は導入しなかったのです。また

対談2 中島恵理 147

国では、環境省が温暖化対策、経済産業省がエネルギー政策を担当しており、エネルギー政策と温暖化対策は表裏の関係にあるにもかかわらず、縦割りの省庁の中で連携が難しい。そういった経験もしていたものですから、ぜひ県の立場では温暖化対策とエネルギー政策を統合した実効性のある仕組みを入れていきたい思いがありました。

そうして取り組んできた2年間の感想としては、これからは地方レベルから新しい施策を作っていかなくてはいけないということです。

野池 京都議定書のときに環境省でそのような苦労をされていたとは知りませんでした。

中島 県の環境エネルギー戦略は建築物に限らず、エネルギーを供給している事業者、工場などを持つ事業者、また自動車なども対象にしているような、幅の広い内容となっていますが、この対談のテーマになる建築物に関する制度について、まずは私の個人的な経験をお話ししましょう。

私は環境省で京都議定書批准の担当をしている頃から長野と東京とで二重生活をしていました。住んでいたのは富士見町という標高1000メートルのところで、極寒の地です。その当時は夫の実家に住んでいたのですが、そこはまったく断熱されていない、室温が外気とほとんど変わらないような家で、とてもつらい経験をしました。

そのため、家の暖房については、10月頃から5月頃まで20畳用の大きなだるまストーブを6畳の部屋のために使っていて、屋外に設置された大きな灯油タンクの灯油がどんどんなくなっていく。東京や京都にいるときにはそんなタンクなんて見たこともなかったのでエネルギー消費量の大きさに驚きました。しかもプロパンガスで、ガス代が高く、光熱費が家計の大きな部分を占めていてかなりの負担になっていました。

また私の両親も京都から富士見町の隣の小淵沢に引っ越してきたのですが、京都も冬寒いところでしたので、家の造り方が重要だということで、小淵沢の家は徹底的に断熱した家にしました。標高800メートルの寒い場所ですが、断熱により、暖かく快適で真冬でも室温が10度を切りません。家の造り方が重要性だというのは、そうした経験からです。

野池 断熱性を高めるとどんどん暖かくなっていきますからね。そうした実感的経験をされたことは大きいですね。

中島 そうやって2つの家の違いを体感していましたので、私たちの家を新築するときにも日光を積極的に取り入れ断熱をしっかりすることと、再生可能エネルギーを使うことは絶対にやりたいと思っていました。

野池 やはりそうした経験が今回の計画にも反映されているわけですよね。

中島 もちろん私だけの考え方ではなくて、県の組織内部での検討や有識者や県民の皆さんの意見も聞きながら検討したものです。寒さの厳しい県ですので、いかに快適で省エネになる家を造るかっていうのは県全体の課題ですし、私自身の経験も生かせたのではないかと思います。

野池 長野県はすべての新設建築物に対してエネルギー消費量の試算をして報告するという仕組みをつくられたことが非常にユニークで面白いと思っています。2020年に省エネ基準の義務化が待っていますが、それは確かに建物全体の底上げにはなるかもしれませんが、建物の内容を義務化してしまうとその意味もわからずに「とにかく申請して建てられればいいんだろ」という意識になってしまうし、その内容が上限みたいになって、先進的な取り組みをしている会社が評価されにくくなってしまいます。

　そういうアプローチじゃなくて、とにかくエネルギー消費量がどうなるかを検討しなさいというのはすごくいい。もうひとつの柱になっている太陽光発電などの自然エネルギー導入の検討義務化も含めて、建設する側も建物や設備の内容とエネルギー消費量との関係が見えてくるだろうし、施主の側にもそれが伝わります。

　話を戻しますが、さきほどの都道府県も温暖化対策の計画を立てないといけないというのは法律化されているわけですか？

中島 はい。都道府県は義務になっています。

野池 なるほど。私から見ると、割と都道府県で濃淡があって、長野県みたいに頑張ってやっているところと、あまり温暖化対策として具体的な取り組みになっていないところのバラツキがあると思うのですが、実際のところもそういう状況なのですか？

対談2　中島恵理　　149

中島 いまはだいぶ進んできていると思うのですが、当時は地球温暖化対策というのはグローバルな問題だから、地域でどこまでやるべきかという意識もあったと思います。でも東日本大震災以降はかなりいろんなところで取り組んでいるのではないかと。建築物の省エネについては、大規模なマンションや大きなビルに対しては取組みやすい部分もあるので都会を中心に進められていて、小規模住宅に対しての手法は確立していなかった。その対策は非常に難しい分野ですよね。

野池 個人の所有物っていう問題も絡みますからね。

中島 そうですね。事業者に対する計画書制度は長野県だけではなく様々な地域でやっていましたので、その部分はそれほど大きな違いはないと思いますが、横浜や東京は大規模な建築物が多くて、ほとんど事業者に対する規制で済むので比較的やりやすくて進んでいたということですね。農山村を多く抱える地方の県にとっては、小規模住宅がほとんどでやり方をこまねいていたということがひとつ。それから国の省エネ法等国の制度がありますので、県として独自にやる必要があるのかという議論もあったかもしれません。

そのあたりをみんなで考えながら、小規模な個別住宅にも波及する方法としていまの内容を生み出してきたという経緯ですね。

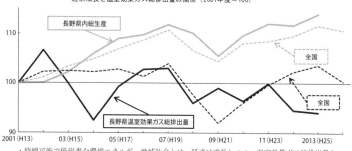

- 持続可能で低炭素な環境エネルギー地域社会とは、経済は成長しつつ、温室効果ガス総排出量とエネルギー消費量の削減が進む経済・社会構造（デカップリング）を有する社会
- 県は全国よりデカップリングが進行

経済成長と温室効果ガス総排出量の関係（2001年度＝100）
（出典：「長野県環境エネルギー戦略　2015年度　進捗と成果報告書（概要）」）

150

野池 この計画を立てられた時点で国の目標とかスケジュールがどうなっていたかというのはよく分かりませんが、国の温暖化ガスの排出量目標と都道府県の目標との整合性はあったのですか？

中島 この当時の状況として、国は原子力発電所がすべて止まってしまったこともあって国の目標が立てられていなかったのです。

野池 そうですね、ずっと長い間新しいエネルギー基本計画が出てこなかった。

中島 国の目標がなかった状況で県は計画を作らざるを得なかったのです。2012年までは国の目標として温室効果ガス6パーセント削減というのがありましたから、それに対して県としてどう目標設定をするかという議論の目安があったわけですが、当時は国の基本計画がまだなかったので県として独自に先に設定するしかなかったのです。結果として長野県の目標は、現在国が設定した目標より厳しくなっています。

住宅のエネルギー消費量を検討する

野池 住宅分野に絞って、「いま」と「これから」のことをお伺いしたいと思います。新築住宅のエネルギー消費量についての検討制度を義務化されたということですが、施行されてから1年ぐらいたったんですよね。

中島 2年くらいですね。

野池 ざっくりどんな状況ですか。

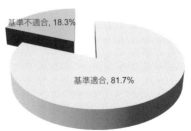

新築戸建て住宅の省エネ基準等への適合状況（2016年度）
（出典：長野県調査より）

中島 実際にはエネルギー消費量などの検討結果は、届け出義務はなく、建築確認を提出するときにお願いをして出していただいている状況です。一方、この制度の間接的な成果としては、省エネ基準の適合率が80％を超えたということです。

野池 それはなかなかの数字ですね、省エネ基準の義務化前で。

中島 エネルギー消費量の検討の実施や状況については、あくまで新築の戸建住宅の建築主のうち、約2割の方にご協力いただいた集計結果での推計ですが。

野池 それはすごいことです。全国で見ればそんなことを検討している建設物件は圧倒的に少ないです。でも、せっかくなのでもっと増やしていきたいですよね。

中島 もちろんそうです。まだ施行して2年ですけれど、様々な状況を把握するためにいろいろな取り組みを始めているところです。

野池 仕組みの細かい話になってしまうのですが、2020年に省エネ基準が義務化になると、エネルギー消費量の計算も同時に義務化に近い状況になります。

いまエネルギー消費量を検討するための県の認定ツールがいくつかありますが、そうした国の仕組みと長野県のオリジナルな進み方との関係はどう考えていますか？

中島 もちろん省エネ基準でつくられている計算ツールも認定ツールの中に入っていますが、うまく考えないとダブルスタンダードになってしまいますので、国の義務化の趣旨と県のこの条例での趣旨と、その辺の意味合いをきちっと整理して、併存させていくのかあるいは整理をするのかについて、今後検討していく必要があると思っています。

野池 それはそれで、私は逆にうまくやれれば面白いと思うんです。たとえば、省エネ基準にはエネルギー消費量を計算しなくても適合できる方法、つまり仕様基準があるわけですが、うまく性能基準に誘導して長野県ではほとんど計算して適合するような状況をつくるとか。それが日本一多い県になるってかっこいいじゃないですか。認定ツールにはすごくおもしろいものが

あると思いますし。

建設会社の意識を高める

野池 長野県の建設会社はエネルギーについての関心度は変わりましたか？ 面白いと思いながらやっているのでしょうか？

中島 やはり温度差はあるものの、講習会の参加者数や姿勢などを見ると、全体としては関心は非常に高いようです。

野池 1985 も「まずは地域でやろう」というのが大きな趣旨であり、それから「みんなでやろう」っていうのも大きな趣旨なんです。みんなでやろうっていうのは、僕らみたいな家のつくり手を中心とした民間のかたまりみたいなものと、大学サイドの研究者と、地方自治体が一緒になって同じところを目指して、お互いにやれることをやるという意味です。そういう形がやっぱり一番いい。だから僕は民間の工務店や設計者に 1985 という形で理念と仕組みをポーンと打ち出して、そこから自主的におもしろい化学反応が起きることを願っているわけです。そして長野県が出した今回のようなユニークな仕組みから生まれるものがどうなっていくのかが気になります。

信州型エコ住宅―ふるさと信州・環の住まい（2015 年）を活用して建設された戸建住宅（M 邸）

そういう意味で、たとえばすでに民間の建設関係のグループが長野県の取り組みにしっかり反応して、そこで成果を出したというような成功モデルができるとすごくいいと思うんです。それに刺激されて県内はもちろん全国に広がっていくはずです。

中島　長野県の場合、これまで県産材をキーワードにして取り組んでいた部分があり、そこに省エネをプラスしていく補助制度を始めています。その取り組みの中で省エネ住宅に取り組む工務店がでてきていますし、以前は地域ブランド事業と呼んでいたグループ事業（現在は地域型住宅グリーン化事業）から先進的な取り組みを始めているグループが出てきていると思います。ただ、そうしたところも重要なのですが、長野県でも年間1万戸の新設着工がありますので、全体を底上げすることが重要だと思っています。

野池　でも、そうしてレベルアップしてほしいところほど、意識付けをするのがほんとに難しいわけですよね。

中島　今までですと、たとえば省エネにあまり興味がない工務店では、お施主さんに説明する際に「断熱材入っています。二重サッシですよ」といった程度の説明で終わっていたはずです。けれども、この検討制度で講習会をやって、具体的な環境性能の評価手法を広く知らしめて、それをお施主さんにきちんと説明することで、お施主さんが自分の住宅にどのくらいの断熱性能や環境性

長野県住まいづくり推進協議会が実施する省エネ施工技術講習会の様子

能があるかを知る機会が増えていくことが何より重要だと考えています。

　この条例をつくってからたくさん講習会をやって、今まで環境性能の評価指標にまったく触れてこなかった方に対しても周知を図っています。長野県でも一時期に比べると新築住宅はかなり減ってきている中で、工務店も当然環境性能での競争の時代に入っていますので、工務店が生き残る上でも重視してくれるはずです。

野池　私たちの活動でも同じですね。とにかくやり続けることを基本に、「こういうことに取り組んで説明したらこんなにお施主さんの反応がよかった」という話と、「義務化も控えているし、やらなきゃ仕方ないでしょ」という話を混ぜて、とにかくこっちに向いてもらうようにして、全体を引き上げていくというアプローチを考えています。

　お施主さんにアンケートを取ったりしたら面白いかもしれません。「工務店からエネルギー性能とか断熱性能とかの説明はありましたか？」「省エネや暖かい家にもともと興味がありましたか？」などと聞いてみる。

中島　確かにそうですね。そういえば県の世論調査協会が県民 800 人くらいを抽出して省エネに関するアンケートをやっておられますが、県の新しい省エネ施策に関心があるかどうかを昨年から取り入れてもらうようにしたんですよ。それを継続的にやっていただければ県民の行動変容が分析できるかもしれないですね。

　まだ初めて間もないですけど、アンケートの結果では、回答者の約 5 割が家電の省エネラベルを参考に冷蔵庫やエアコンなどを購入しています。県の地球温暖化対策条例で家電販売店には家電の省エネラベルの掲出を義務化していたりもしますし、今後もアンケートを通じて県民の行動変容を把握していきたいと思います。

野池　それはすごく面白いですね。ぜひ継続してもらってください。

中島　その中で新築住宅を建てた人をさらに抽出できるようにすればおもしろいかもしれないです。検討してみます。一番いいのは住宅の省エネを検討した結果、当初考えていた家づくりがこう変わったとか、断熱を厚くしてよかったとか。そういうのが見えてくると業界を盛り上げることにつながるし、

対談 2　中島恵理　　155

意識が薄い工務店に対する刺激にもなりますね。

野池 ほんとそうですね。そうした実態をぜひ見てみたいです。

家庭の省エネサポート

中島 この戦略をつくり出したときに家庭の省エネサポートをやり始めました。それはガス事業者などがご家庭を訪問したときにちょっとした省エネの情報を出したり相談を受けるという仕組みです。いま年間約2万5000世帯を目標に取り組んでいますが、そこで2015年から省エネ意識に関するアンケートをやるようにしました。県のこうした施策を知っていますかとか、断熱すると健康性が高まることを知っていますか、ということも聞いています。こうしたアンケートでも行動変容を探って、省エネの意識変化を分析したいと思っています。

野池 そのアンケート調査の結果分析が出たらぜひ教えてください。そういうテーマをこれくらいの数で、しかも何年か続けようとしているアンケート調査は全国的にみてもかなり珍しいと思うので、とても興味があるし、社会的な意味も大きいと思います。

最終的には、住宅部門だけで言えば長野県の住宅でのエネルギー消費量やCO_2排出量が減ることが目標なのでしょうが、そうした意識変化も非常に重要ですね。

中島 長野県の場合、長野市のみで実施している統計調査の一部として、一

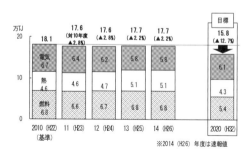

長野県の最終エネルギー消費量
(出典:「長野県環境エネルギー戦略 2015年度 進捗と成果報告書(概要)」)

般家庭のエネルギー消費量が把握できる状況で、長野市以外ではなかなか分からないのです。そういう状況において、ガス事業者などが家庭を訪問する機会に省エネのアドバイスをしていただく制度が定着しつつある中で、さらにこの制度を生かすために、アンケートという形で家庭の方に協力していただいて、長野県全般の一般家庭の省エネの取り組みの変化をつかんでいきたいです。

野池 私は一般の人にも年間20回くらい講演をします。そのときの参加者で具体的に家づくりを考えている人は、省エネや断熱にすごく関心があっていろいろ勉強している。でもそうではない人に「家庭の省エネと聞いたら何を思い浮かべますか？」と聞いてみると、冷蔵庫をどう選ぶかとか、電気を小まめに消すというようなことしか出てこない。断熱をすると暖かくなって省エネにもなるというような知識がないから意識はとても低い。メディアで情報を出している人の知識が不十分な場合が多く、どうしても省エネというと家電の話ばかりになるので、断熱にはとてもお金がかかるというイメージがあったり、賃貸住宅では何もできないという意識だったりするんだと思います。でも本当はいくらでも知恵や工夫はあるわけです。

　ヨーロッパの仕組みや意識をよく知っている人から聞くと、ヨーロッパの人は普通の生活者が断熱の意味とか、建物をよくすることで快適かつ省エネになることがよく理解されているらしい。住宅リテラシーと呼ばれるものが高くて、その辺が日本と違うと感じます。それを何とかするのが私の仕事であり1985の取り組みです。でも建築業界ばかりが集まってやっているような狭いものにはしたくない。

　だから、長野県の家庭の省エネサポート制度がすごく有効だと思うんです。機器を変えるだけではなくて建物も考える。たとえばリビングだけでもいいから断熱して二重窓にしたらこれだけよくなることを説明するとか、1000円くらいですごく効果がある断熱カーテンみたいなものを紹介するとか。

中島 2018年度から、既存の建築物の省エネ診断をする仕組みを構築することになりました。県で工務店や建築士の方に対して研修を行い、その研修を受けた専門家が、既存の建物、住宅の改修の検討を促す簡易診断をすると

いう仕組みです。

野池　耐震診断はそうした登録制度を取っていますね。事例としては神戸市がリフォームの補助金を受けるために「うちエコ診断」を義務化していたと思います。補助金制度を新たにつくったら財源が必要ですが…。

中島　長野県でもリフォームの補助金制度があって、基本的に県産材の使用と断熱工事は必須にしています。また家全体を平成25年省エネ基準まで上げるという全体的なリフォームのモデルに予算をつくって5棟ほど建ちました。先日、その1軒が出来上がって見学会をやったんです。そのようなモデルで少し先進的な事例を作って、紹介していく事業を今年から始めています。

野池　それもすごくいいじゃないですか。県が主導してリフォームの先進モデルをつくるのは全国でも珍しいです。これからの時代は既存住宅がターゲットですから。

中島　話が少し戻りますが、「うちエコ診断」の診断士になれば、建築部門に関してもかなりアドバイスできるようになるんですか？

野池　いや、ならないです、残念ながら。「うちエコ診断」は目的があくまで省エネへの興味付けですから。そういう意味ではとてもよくできた仕組みとツールをつくったと思います。診断ツールはすごく楽しいですし。でも「内窓をつけたらこれくらいCO_2が減ります」という程度はわかるのですが、

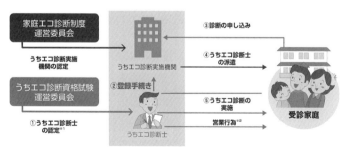

うちエコ診断運用の流れ（出典：環境省「うちエコ診断」パンフレット）

ある程度建築のことが分からなかったら、定量的にこのぐらい変わるという細かい提案ができない。

それで 1985 アクションでは地域アドバイザー拠点制度を作って、その地域アドバイザー拠点がうちエコ診断の資格を取って、「うちエコ診断」もできるし、家に関わる具体的な提案もできるという仕組みにしています。「こんなふうに窓を変えてこれくらいの断熱性能にしたら、いまよりもこれくらい光熱費が安くなって、これくらい冬暖かくなる」という定量的な効果が出せるシミュレーションツールをつくり、それが適切に使えるための勉強会を開催しています。要するに「うちエコ診断」の建築関連分野に絞って詳しくアドバイスできる仕組みです。

リフォームしたいお客さんに、そのシミュレーションツールを使って説明する拠点が増えてきて、大きな成果が出ています。暖かさや涼しさという快適・健康に関わる要素と光熱費がビフォーアフターで明確に比較できるところがポイントです。当然、お客さんも 100 万、200 万、500 万と投資したお金がどれだけ返ってくるのかっていうことに興味があるはずで、それを具体的な数字やグラフで出せるようにするとすごく関心が高まって、前向きな判断につながることを実感し始めています。

そうしたツールのつくり方ひとつで反応は変わるんです。加えて、それを最大限に活用してうまく表現できる人の存在。その両方が必要だと思います。

中島 そうですよね。

野池 長野県で認定しているエネルギー消費量検討ツールにもすごくわかりやすいものがあるし、それを使うことで自分が建てている家のことが工務店側も発見できたというか、確認できたところはすごく大きいと思うし、それが面白いと思う会社の人たちがすごく増えていると思います。

中島 そしてさらに、県の制度に従ってエネルギー消費量を検討して実際に家を建てて、これだけ省エネになったという具体的な事例が見えるといいですよね。

エネルギー自給も見据えた今後の展開

野池 ところで環境エネルギー戦略はいま第3次ですか？

中島 そうです、第3次です。

野池 今後の計画とか、予定とか、課題とか、そのあたりはどうですか？

中島 目標期間としては8カ年でやっていますが中間年で見直しを行っています。一方さっきも話題になっていた定量的な効果、つまりCO_2がどのぐらい減ったかというのは統計の仕組み上、3年程度経過しないと分からないのが現状です。都道府県のなかでも特色ある計画と自負しているものですし、いまはこの戦略にある取り組みを生かすことに傾注していきたいと思っています。重要な政策として特に省エネルギーに関しては、戦略を打ち立てた時点で制度がきっちりと固まっていますから。それをいじるんじゃなく、どう生かすかを考えて進んでいくということですね。

野池 ほんとによく練られてますからね。

中島 特に家庭の省エネに関しては、省エネアドバイザーが目標件数に向けて取り組んでいますが、まだ地域によって濃淡がありますので、県下全域にこの省エネの仕組みを浸透できるようにしばらくはやっていきたいと思います。

野池 あと長野県が目指すもうひとつの軸として、自然エネルギーの普及というかエネルギーの自給がありますよね。省エネでエネルギーを減らしつ

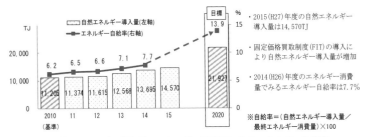

長野県の自然エネルギー導入量とエネルギー消費量にみるエネルギー自給率
（出典：「長野県環境エネルギー戦略　2015年度　進捗と成果報告書（概要）」）

つ、そのエネルギーを自然エネルギーに変えていって自給率を上げるというのは、今後世界中が目指していくテーマだと思います。それを県単位で取り組むのは先進的だし、ほんとに楽しみです。

中島 長野県は自然エネルギーが豊富な所ですので、これからは熱も含めて地域主導の取り組みというものを支援していきたいと頑張っているところです。そうして地域の経済社会の活性化とエネルギー自給の双方が実現できるように取り組んでいきたいです。

野池 そうそう「地域の経済社会の活性化」というのもすごく大切な視点ですよね。エネルギーを買ったお金がたくさん外国に出ていって、地域や国の経済社会に悪影響を与えていますし、地域のエネルギー自給率を上げることには意味があると思います。長野県の環境エネルギー戦略を立てられたときに、自給率を上げることによる経済効果も試算されたのですか?

中島 今回の戦略をつくるときに計算しました。そういう試算をするために必要な県全体のGDPや県内のエネルギー消費量を把握するのは結構難しいのですが、全国のエネルギー消費額をGDPの割合から長野県分を概算して、およそ4000億円という数字を出しました。それだけ外に出してしまっていることということです。こうして海外に出ていたお金がエネルギー関係でどれだけ減ったかというのも、産業連関を使うなどすればわかるかもしれません。

野池 産業連関を使って計算できるのではないかと思います。概算でもいいでの定量的につかみたいです。

中島 まだ2年なので、もう少し中長期的に見たほうがいいかもしれないですね。確かに、定量的に経済的なメリットが出ていることが見える手法を考えないといけません。

野池 1985アクションを始めたのは2011年です。その当時から「省エネにお金を使おう」というメッセージを発信していました。エネルギーも自分のところで回りやすくなるし、たとえば家を省エネリフォームしたら地元の真面目な建設会社にお金が落ちて、そこからまた地域にお金が回るのはどこにも悪いことがない。そういうメッセージを出したら、真面目な工務店などが「野池さん、いいこと言ってくれた。真面目に省エネになる家づくりをする

ことが震災後の日本を少しでも元気にするということがわかって自分たちも元気になった」と言ってくれたんです。

中島 そんな意識をもっと出してもらうためにも、事業者にも市民にも分かりやすい形で定量的に効果を示さないといけないですね。

野池 少しでもいいから定量的な効果とか具体的な事例を出してほしいです。エネルギーのことに取り組んでいる全国の人に参考になったり励みになると思いますから。

　定量的な効果を示すという話として、私たちは「1985 アクション HEMS」という、電力消費量と一緒に室温のデータが取れるような機器をつくっています。それを使えば「この家はこれだけ温かくてこれだけエアコンの電力消費量も少ない」というような状況がわかります。またネットで操作できる「1985 アクションナビ」という環境家計簿のサイトで、公開することに同意した家庭の HEMS のデータを見ることもできます。

　私が最近よく言っているのが「小さなエネルギーで豊かに暮らせる住まいをつくろう」という言葉なのですが、それが一般の人にもプロにもすごく受けがいい。豊かというのはこの分野で言うと健康快適ですが、こうした見える化ツールによって「小さなエネルギーで健康快適に暮らせる住まいを増やそう、つくっていこう」というところに具体的につながっていくと思います。健康快適に暮らせて光熱費が安い。こういうことがもっと見えてくると、市民に関心を持ってもらえるかなと。

セルフビルドの経験から学んだこと

野池 最後に中島さんのご自宅を紹介してください。

中島 自宅は 10 年ぐらいかけて夫がセルフビルドで作ったのですが、日中の太陽光を取り入れることができるように大きな窓を作り、断熱をしっかりし、自然エネルギーも最大限に取り入れています。冬の日照率もかなり高い地域であり、大きな窓から日射熱を採り入れることでストーブを使う時間は短くて済んでいます。朝方に外気温がマイナス 10 度でも、晴れの日であれば、日中にストーブは必要ありません。

野池 室温は20℃近い？

中島 少しだけ夜にストーブをつける程度で暖かく暮らせます。以前住んでいた夫の実家を思い出すと、本当に変わりました。少し失敗したと思うのは当初屋根にのせるものとしては、太陽光という発想しかなくて、太陽熱という発想がなかったことです。

野池 太陽熱給湯ですね？

中島 南側の屋根全面に太陽光発電を先につけちゃったんです。後になって太陽熱をつけたいと思ったのですが、そのための屋根がなくて、結局住み始めてから6年後の昨年にサンルームを増築し、その上に太陽熱温水器を設置しました。県の「自然エネルギー導入検討制度」のマニュアルでは、最初の段階で、太陽熱、太陽光のいずれも検討できるような記述を盛り込んでいます。多くの人は、ソーラーというと太陽光発電を思いつくと思いますが、太陽熱は本当に優れもので、特にプロパンガス地域における費用対効果は高いと思います。

野池 長野はプロパンが多い地域ですもんね。

中島 長野県では効果は大きいので、断熱をしっかりした上で、太陽光発電だけじゃなく太陽熱の利用設備も含めて考えようということを言ってい

南西面に大きな間口をとり、日光をしっかり家にとりいれた

梁には地域産の赤松を使った

す。自分の失敗や経験も含めて、皆さんに合理的な順序で考えていただければうれしいです。

野池 太陽熱に注目している都道府県は少ないです。地味かもしれませんが、それは省エネには王道なので素晴らしいです。やはりどうしても太陽光がメインになっていて、太陽熱給湯は補助金もほとんど出ていません。私の家にも太陽熱給湯がついているので、そのありがたみが分かっているからもっと増えたらいいと思っているのですが、なかなか増えない。長野県で増えたら注目されるきっかけになると思うので楽しみです。

省エネやCO_2排出削減の取り組みでは、国際レベルでは気候変動枠組条約があって、日本では省エネ法や地球温暖化対策計画などがあって、住宅では省エネ基準などがあります。そして次は都道府県レベルで、その次は市町村なんですけど、そうした単位どうしがしっかりつながっていかないと、こうした問題は実際的に解決しない。とくにその単位が小さくなるほどその独

広いリビングが最も暖かい家族のだんらんの場になっている

レンガを1000個以上積んで作った手作りのペチカ。蓄熱性が高くやわらかい暖かさを実現した

自性を活かさないと難しくなっていきます。

　そういう意味で、温暖化がますます深刻になってきて時間が限られている中で、長野県のような先進的な取り組みがどういう成果を上げるかは極めて重要だと思うんです。行政だからこその大変な部分はあると思いますが、ぜひとも成果を上げてほしいと思います。私たちもただ見ているわけではなく、できることをやりたいと考えています。　　　　　　（2016年8月　長野市にて）

対談3

地域振興とわが国が抱える「住」の課題

藻谷浩介 × 野池政宏

もたに　こうすけ／1964年、山口県生まれ。㈱日本総合研究所調査部主席研究員。1988年東京大学法学部卒、同年日本開発銀行（現、㈱日本政策投資銀行）入行。米国コロンビア大学ビジネススクール留学、日本経済研究所出向などを経ながら、2012年度より現職。平成合併前3200市町村のすべて、海外90ヶ国を自費で訪問し、地域特性を多面的に把握。地域振興や人口成熟問題に関し精力的に研究・著作・講演を行う。主な著書『里山資本主義』『デフレの正体』角川書店、『しなやかな日本列島のつくりかた』新潮社、『世界まちかど地政学』毎日新聞出版（共著）ほか。

―――――― 先を見越した時に突き当たったエネルギー問題

野池　私は住宅という業界の中でエネルギーをテーマに仕事をしていて、そのなかで1985という活動をしているのですが、まずはそんな活動に対する率直なご意見をいただけませんか。

藻谷　今回の件でForward to 1985 energy lifeっていう言葉を聞いた瞬間に、これは本丸をやってらっしゃる活動だなと思いました。

野池　対談をご了解いただいたときの「もう1985でわかるから」という藻谷さんのメールに感激したんです。1985だけで分かっていただけるというのが。

藻谷　1985年に向かおうというのですから、素人ですが推測はすぐにつきました。

野池　最近出された著書でも不動産とか空き家とかそのあたりのことにもかなり触れておられましたが、住宅っていうものを捉えたときに、藻谷さんの感じておられることとか、問題意識とか、具体的に取り組んでおられること

藻谷さんは『里山資本主義』など多くの著書があり、地域エコノミストとして各方面から長年の間引っ張りだこであり続けている、大変著名な方です。地域の活性化に関連する膨大なデータを集め、冷静に分析し、しかも実際に各地域を訪れて現場を知り、多くのキーマンとお会いされています。分野は異なるものの、こうした藻谷さんの姿勢は私が目指すものであり、1985 アクションの展開にも大きな参考になります。

　私が藻谷さんを知ったのは『藻谷浩介さん、経済成長がなければ僕たちは幸せになれないのでしょうか？』という対談集で、その後も著書を読むほどに大ファンになっていきました。今回こうして藻谷さんとの対談が実現できたのはうれしい限りで、想像を超える大きな気づきと刺激を受けました。

などがあれば教えてください。

藻谷　私の仕事は地域振興のお手伝いをすることです。それでは地域振興とは何でしょうか？　私は「人口が減らなくなることだ」と言い切っています。景気が良くなろうと、国際競争に勝とうと、地域の人口が減り続けていては仕方がない。

　正確に言えば、日本の人口が、今の1億3千万人弱から7千万人程度にまで、半減してしまうことはもう決まっています。今70歳を超えようとしている世代や45歳前後の世代に比べて、今の0歳児は半分しかいない。今の0歳児が45歳になる頃には、40代は半分に減ります。これはもう確定しているのです。ですが、0歳児がこれ以上減ることをいずれ食い止めることができるならば、人口減少もいずれは止まりますね。つまり私の言っている地域振興とは目先の話ではなく、目標をしっかり未来に置いた話です。

　ところで、人口が減れば住宅は売れなくなっていきます。首都圏一都三県は人口が増えているというのが日本の常識ですが、2010 年〜 15 年の変化を

対談 3　藻谷浩介　　167

国勢調査で見ると、総人口が51万人増えたのに対し、80歳以上だけ取り出して比較すると52万人増えている。何のことかよくわからないと思いますが、頭が現実の急激な変化に追いつかないのですね。要するに79歳以下の人口は、首都圏でももう減少に転じているのです。

　高度成長期に流れ込んだ若者が、どんどん歳を取って行くので、非常に高齢な層だけは数が年々増える。他方40年以上少子化を放置してきたので、幾ら田舎から若者を集めても昔の若者が歳を取って行く分を補えず、もう若い世代の絶対数は減る一方になっている。だから首都圏でも売れているのは都心や駅に近いマンションだけで、それを買っているのは主に郊外や駅に遠いところに住んでいる首都圏民自身なのです。

　他方で島根県のような過疎化の進んだ県では、高度成長期に若者が出て行きすぎて新たに高齢者になる層も手薄のため、ついに高齢者までもが減り始めています。そうなると家も売れませんが、それ以上に人手不足が深刻化します。島根県の完全失業率は、国勢調査でみるとずっと日本最低なんですよ。だからホームレスもいません。

野池　昨日、たまたま島根に行っていましたけど、確かにホームレスは見なかったです。

藻谷　逆に日本で一番失業率が高いのが沖縄です。日本で唯一、0歳児が減っていない県なので、現役世代もまだほとんど減っておらず、まだ本当の人手不足にはなっていない。でも子どもの3人に1人が貧困児童だという困ったことが起きています。

　そういう個別具体的な事態を把握し、地域ごとにできることを提案するのが僕の仕事です。ですが相手に応じて、農業をどうする、福祉をどうする、観光をどうする、教育をどうすると、いろいろな各論に話がどんどん飛び火します。ちなみにこの後に行く長野での講演テーマは農業ですし、昨日静岡市の清水で話していたのは、三保の松原をどう保全するかというテーマでした。

　三保の松原はせっかく世界文化遺産になったのに、その趣旨をわかっていない関係者が多すぎて、どんどん壊れていきかねない。松の落ち葉がちゃん

と生活サイクルの中で利用されて、その結果松林が保全されていくという仕組を再建しないといけないのです。それが人口減少の食い止めとどう関係するかと言えば、それで観光客が少々増えたところで人口減少は止まりません。ですが、松葉利用のサイクルを復活し世界遺産を保全するということは、各地で歯止めなく進む各種のバランス崩壊、子どもの減少もその一つですね、これらを食い止め是正していく小さな第一歩にもなりうるのです。先の先を見た第一歩です。

　そういうことをしていると、具体的にも抽象的にも突き当たるのはエネルギーの問題なんですね。松葉の利用なんて非常に小さい話のようですが、ついこの間まではもっとも貴重な家庭の燃料だったのです。分野が広がり過ぎると面倒なので長らく触れるのを避けてきたんですけど、先の先を見ようとするとどうしても避けられなくなった。

野池　エネルギーは社会というか地域の食料みたいなものですからね。エネルギーがないと何も活動できない。

藻谷　私は昭和 39 年生まれでして、高校卒業まで、石油化学コンビナートの町、山口県徳山市（現周南市）に住んでいました。小3のときの10月に起きた第一次石油ショックは、それこそ地域の一大事で、子どもでしたがよく覚えています。

野池　石油がなかったら成立しない業種の町ですもんね。インパクトは相当大きかったでしょう。

藻谷　高度成長期には、徳山湾の汚染というのが問題になっていた。それが一転、工場がつぶれるのではないかと大騒ぎです。でもそれよりも、日本のエネルギーは大丈夫なのかということが、子どもにも共有される国民の心配事になりました。

　食料危機とエネルギー危機と米ソの核戦争。このどれが起きても世界滅亡だ、1999 年に地球が滅ぶぞって僕らの世代は本当にみんな信じていた。その中から後々オウム真理教の信者がたくさん出たのも、そうした世相があったゆえです。

　ところで、そのエネルギーの話を長らく忘れていたというか、見ないよう

にしていたんですが、東日本大震災など、エネルギー問題を避けて通ることはできない出来事がまた続々起きてきて逃げられなくなってきた。そもそも日本の化石燃料の輸入代金、つまり日本の燃料代というのは、1995年にはたった5兆円だったんですけど、一昨年の2014年には28兆円にまで増えたのです。

野池 ここ数年の動きを知っている人は多いと思いますが、もう少し長いスパンでどうなってきたかを知っている人は少ないでしょうね。

藻谷 2009年のリーマンショックのときには一瞬がくっと減ったんです。石油価格が下がって減って18兆円。それでも1995年の5兆円に比べると3.5倍でした。GDPがたかだか500兆円、家計最終消費支出280兆円ぐらいの国で、燃料輸入が20兆円を超えるというのは、結構きついのです。しかも困ったことに産油国の金持ちは、欧州のブランド品ばかり買っていて、日本製品は買わないので、これは行ったきり返ってこないお金になってしまうわけです。

野池 ますますきついですね。払いっぱなしだと。

藻谷 内需につながらないので、純粋に赤字になっちゃうんですね。同じ資源国でも、カナダ、ブラジル、ロシア、インドネシア、マレーシアなどであれば、それなりの人口がいて日本製品を買ってくれるので少しは戻ってくるんだけど、中東はトヨタ車がちょっと売れているぐらいで、一方的な赤字なんですね。行ったっきりのコストが20兆円も増えれば、そりゃ景気が悪くなるのは当たり前ですよ。

野池 そういうお金の流れは私たちの目に見えないところが気持ち悪いです。自分たちの気が付かないところで、いつのまにか自分が支払ったお金が遠くに行ってしまって返ってこないわけでしょ。地元のラーメン屋に支払ったお金であれば、なんとなく自分の地域や国を回りそうなイメージが沸きます。

藻谷 地方に行くほど車社会化が進んでおり、ガソリン代が無駄になっているうえに、どんどん町の郊外化が進んで、後で触れるようなコンパクトシティ&タウンズの実現が年々難しくなっています。そうなると賑わいが失われるので、消費がますます大都市に流出する。

　『里山資本主義』の中では、高知県の収支構造についての研究結果を紹介

しています。高知県の問題の大きい方から2番目は、農産品の県外への売り上げの何倍も、県外で製造された農産加工品を買っていること。でも最大の問題は、そもそも化石燃料代だけで大赤字になっていることです。ハイテク産業振興だ、国際競争だという前に、中東にそんなに貢ぐ生活様式になってしまっていることこそ、真っ先になんとかしなければならないのです。

野池 そうやって冷静に現実の数字を見て受け止めることが大切ですね。ネットやメディアが醸し出すムードに影響されずに。

藻谷 ネットやメディアに流れている話の中で、きちんと根拠数字の出ていないものは、ほぼ誰かの思い込みがそのまま文章になっているものと疑ってかかった方がいい。

　たとえば、福島原発事故でを契機に原発が全部止まって、その分化石燃料の輸入が増えて日本経済は苦しいという噂を、なんだか全国民が信じているようなのです。原発反対派も、「幾ら経済が苦しいからと言って、そのために命を犠牲にするのは間違っている」なんて言っている。ですが日本の輸入量の数字を確認すると、震災前後では天然ガスが少し増えたくらいで、原油は減っている。石炭も増えていない。苦しくなったとすれば原油が値上がりしたせいなのですが、事故を契機にどんどん省エネ投資が進み始めて、おかげで中東への持ち出しも減る方向に事態が動き出した。

　そもそも仮に原発がフル稼働していたとしても、日本のエネルギー全体の1割くらいしか供給できないのです。電力に限ると30%くらいの寄与ですが、エネルギー全体では10%。その10%がなくなったのですが、省エネは1割以上進んだので、カバーできてしまった。逆に言えば、エネルギー全体の1割程度しか賄っていない原発をどれだけ再稼働したって、日本全体の状況を救いません。

　化石燃料の価格は短期的には下がったり上がったりしますけど、有限な資源であることは間違いないので、長期的に見れば上がっていくしかありません。ですから省エネをするということは、日本にとって決定的に重要だという結論になるわけじゃないですか。

野池 2010年と2013年を比べると国全体のエネルギー消費量は8%くらい

減っています。

藻谷　なるほど。それがまさに省エネの効果です。ですが日本人は意外に気付いていません。技術革新が進んで、自動的に進んだ面が多いからです。

　一番効果の大きいのは建物全体の省エネ化です。断熱化して照明をLEDにして空調設備なんかも取り替える。省エネだけでなく、関連産業への経済波及効果も高いですね。原発の再稼働なんかより、よほど多方面に恩恵が大きいのです。産油国に行くお金が減って、国内のいろんな産業にお金が回るわけじゃないですか。だから野池さんたちがやっていることは本丸なのです。

野池　私も1985の活動を始めたときに「とにかく省エネにお金を使おう！」をひとつのキーワードにしました。でも残念ながらそういうことを一緒に言ってくれる人がほとんどいませんでした。

藻谷　まだまだ遅くないですよ。というか、これからみんな気が付いてくるから、これからがいよいよ本番です。

我が国の住宅が抱える問題

野池　ついこの間まで、国は新築住宅を増やす政策を取ってきました。藻谷さんが言われたように経済波及効果が高いからです。でももうそんな時代ではなくなってきて、住宅は新築がメインではなくなろうとしています。当然の流れだと思いますが、そこで何より問題なのが既存住宅の省エネ化です。いや、省エネ化だけではないですね。耐震性なども含めて既存住宅の質的向上をどう図るかが非常に重要で困難な課題になっています。国も含めておそらくまだ誰も答えは見えていない。

藻谷　それにも絡む話として空き家問題があります。2013年に行われた総務省の調査の速報値が出ましたが、居住世帯のない家が、東京都で11%、大阪府では16%、山梨県になると22%です。

　これを見て、「山梨県の22%に比べたら、東京の空き家は少ないなあ」とか呑気に言っている人がいるわけです。でも重要なのは率ではなく実数ですよね。東京都に家は750万軒もあるわけで、その11%に居住世帯がない。全国に819万軒あった空き家のうち1割の、82万軒が東京都にあったわけ

です。山梨県民1人に1軒差し上げてようやく埋まる数です。そんなに空き家があるのに、まだマンションばかり造って大丈夫なのでしょうか。

　空き家が増えれば家賃相場が下がり、それだけ非耐震の空き家の改修が進まくなって、省エネ化も進みません。

野池　住む人は命がけで住んで、家主の懐は厳しくなって、質が低いままの空き家が増えていくと。

藻谷　その通りです。価値のない住宅が増えて、地域も劣化していく。新築物件ばかり増やすのもいい加減にしないと。地方も含めて既存の家の改修を、できる限り進めたほうがいい。その際には軽量で断熱性の高い木材をたくさん使ってほしい。鉄骨やコンクリートに比べたら環境負荷が少ないのは明らかですし。

　国産材を使った木造建築が増えれば、副産物として発生する木くずが増え、それを有効利用するバイオマス発電のビジネスチャンスも広がります。逆に木くずがないのに、発電所ばかり造って、木材になるものまで燃やしたりするのはぜひやめてほしいところです。

野池　日本の木をうまく回して、質の高い既存住宅をつくり、また維持させていくというのが私の夢に描く理想像です。木質バイオマスの活用も「うまく回す」の一部に入っています。もっとまっとうにバイオマス利用ができる仕組みとビジョンを持ってほしいですね。

藻谷　ところで、実際にどれくらいお金をかけたら、最小限の耐震性と断熱性が一定に確保できる改修ができるんですか？

野池　建物の状況と目指す到達レベルによって大幅に違いますが、ギリギリ最低限ここまではしたいというレベルを想定すれば300万円くらいでしょう。見かけをよくしたりせずに、とにかく耐震性と断熱性を一定に上げるだけという条件ですが。

藻谷　300万円は安いですね。実は広島県の鞆の浦で、地元のNPO支援のためにあばら家を買いましてね…。払ったのは30万円なんだけど、最低限の改修をやったら、さらに数百万円かかりました。少々きれいになってトイレが水洗にはなりましたが、家の基礎が壊れているので、何かあったら崖か

ら落ちて崩れてもおかしくない。でもそこまで直そうとすると 1000 万円は
かかると言われました。

野池 斜面地に立ってるんですか?

藻谷 そうです。下は崖です。

野池 それでは厳しいですね。藻谷さんのその話で言えるのは、既存住宅を
買う前にその建物の本質的な状況を把握することがとても大切だということ
です。つまり社会的にも、改修する価値がある建物を選んで改修していくよ
うな仕組みをつくるべきだということです。何でもかんでも改修するんじゃ
なくて、選んで改修していく。そうしないと無駄なお金がどんどん増えてし
まいます。

　そこでは我々のような住宅業界にいる人間の役割が大きくて、この建物は
50 点だから最低限の 70 点にするには 500 万円かかります、というような具
体的な情報提供をしないといけない。しかも 70 点の中身をわかりやすく伝
えないといけません。そうしないと改修に 100 万単位のお金を出そうとする
人は増えません。

藻谷 そうですね。この家の場合には少々特殊な事情があって、誰かが買わ
ないといずれ崩れ落ちて困る人がたくさん出て来るもので、私が一肌脱いだ
のですが、これで私に何かあって家族がお金に困ったら、本当に「あのとき
のお父さん最低」ってことになるでしょうね。子供 1 人を地方から都会の大
学に行かせるぐらいの出費ですからね。

野池 1985 の活動の中でも、改修したときの具体的なメリットを提示する
ツールをつくっています。そうやって価値を高める改修のために、うまく
100 万円単位のお金を引っ張り出そうっていうことをみんなで考えているわ
けです。

藻谷 ところで私が東京で住んでいるのは、築 12 年ぐらいの貸家なんです
けれど、部屋は広くていいのですが、エネルギーの点からはまったくよろし
くありません。壁や天井は断熱性ゼロだし、風の吹いてくる西側にほとんど
窓がないし、天窓から日差しが入って夏は灼熱です。外観だのデザインだの
はかっこよくて、できた当時は何かの雑誌に載ったのではないかと思うので

すが、住み心地は良くない。なぜこんなことになってしまうんですか？

野池　何ていうか、日本の建築教育のあり方としか言いようがないです。

藻谷　どういう教育なんですかそれは。

野池　私もこの業界に首を突っ込むまではまったく知らなかったんですが、大学の建築学科のエリートはデザインが上手な人なんですって。私は建築学科じゃなくて物理学科なんですけど。

藻谷　そうですか、物理ですか。だったら論理的に組み立てたり分析したりするのはお好きですよね。

野池　物理現象じゃなくても、何らかの現象を紐解いていって解決策を見出すという作業は好きです。だから藻谷さんの話はおもしろいです。

藻谷　ありがとうございます。私は法学部ですが、ものの考え方は工学系です。それはいいとして、建築学の教育では、断熱性とか風通しとかは教えないんですか。

野池　いや、一応教えます。でも専門課程に行くときにデザインを中心としたコースに行くか、それとも構造とか断熱とかの理系っぽいコースに行くかっていうふうに大きく分かれるんですけど、デザインコースのほうがエライそうです、何となくムードとして。だから理系っぽい分野が好きな人は別にして、構造とか断熱の授業には熱心ではない。

　さらには、大学で住宅の設計とかを教えるっていうのはほとんどないです。ようやく最近になって少し変わってきましたけど。

藻谷　ないんですか。住宅だから住み心地を優先に、デザインを後付けにしてほしいのですが、だから逆になっているのか。

野池　まあそういうことでしょう。かっこよさだけは真面目に考えたけど、暑さ寒さにはそもそも関心がないし、知識も経験もないから、そういうところには配慮しなかった、できなかったということだと思います。

藻谷　建築の人には、「自分は公共財を造ってるんだ」という自覚を持ってほしいものです。あなたの作品でもなければ、発注主の私有財産でもなく、不特定多数の人が使う公共財を造っているのだと。家も住み継がれるわけですから。

対談3　藻谷浩介　　175

野池 本当におっしゃるとおりです。私は大学で物理を専攻し、教師になって、環境を入口に住宅にからむようになってもう 20 年以上になるわけですけど、住宅が公共財でなかったらここまで真剣にやっていませんし、続いていないです。住宅は公共財なんだという意識を持っているプロとそうでないプロとの違いはとても大きいです。

藻谷 私もデザインを無視しろって言ってるわけじゃないし、個人的にもデザインがいい建物は好きですよ。公共財と考えても外観のデザインは大事でしょう。でもとくに住宅はそこに人が住むわけですから、住み心地とデザインを両立させてこそプロです。

野池 さきほどは大学で住宅はほとんど教えてこなかったという話をしましたが、ずっと日本の家づくりを支えてきたのが大工です。つまり基本的には経験則でつくってきて、それを徒弟制度で継続させてきたわけです。

　もちろんそうして歴史を積み重ねてきた経験則に基づく技術は大事ですし、価値があります。木造住宅を組み立てる日本の大工技術レベルは非常に高いと言っていい。でも、たとえば東京で大きな地震が来る周期は長く、もし大工が大地震を経験して何らかの知恵が得られたとしても、それは普遍化した形で継続されにくい。また木造住宅を組み立てるという技術と断熱を考えるという技術は別なので、そうした発想を組み込む積極的な姿勢が必要になります。とくに断熱の技術はヨーロッパから入ってきていますし。

藻谷 デザイン性も別の話ですよね。あくまでイメージですが「わしは棟梁だ」みたいな人は古臭いデザインにこだわりそうな感じがします。

野池 数寄屋建築など優れた和風のデザインもありますが、一般的に言うと藻谷さんのイメージは間違っていないです。もっと具体的に言えば、中途半端に洋風のデザインを組み入れてダサい家になってしまうというパターンが多いですね。

　それから、省エネルギーとか耐震性とかは物理学的に論理的に解いてというアプローチが重要なので、組み立てる技術が優れているだけでは、社会的・個人的ニーズに応えられない。

藻谷 なるほど。温泉旅館に行くと、和食の板さんが作った妙な洋食が一皿

余計に出て来てどっちらけ、ということがあったりしますが、そういう感覚ですね。

　地震の度に壊滅してまた一から再建します、という日本の文化をそのまま維持するのは、そろそろやめたほうがいいわけですから、伝統だからこれでいいんだとばかりも言っていられない。寺社仏閣だったらそれでも再建しますけど、個人の家までそういうふうにしていたらもう切りがないでしょう。

野池　そうですよね。社会性が高いですから、やはり住宅というのは。

藻谷　市街地とか、人口が減ってもストックとして残るべき所では、特にきちんと考えたほうがいい。デザインも考えつつ、耐震性を強め、省エネ化を図れば、景観が良くなって国際観光に資するし、燃料輸入も減らすことになるわけですよね。人口の減らない日本をつくるというのは、日本を人間の生態系として安定させるということだけど、家が壊れるというのは生態系が不安定になる大きな要素ですよね。

野池　生態系安定には安定したエネルギー供給も不可欠ですし。

おもしろい工務店がいれば街はおもしろくなる

藻谷　住宅の話をしていると、このように何でもかんでも絡んできてしまうわけですが、そもそも家づくりは総合的な実学なのですから、それは宿命のようなものです。住宅に関係する人は、いろんな要素を勉強した上で、やっぱり総合的な観点をもって取り組むべきですよね。

野池　総合的実学っていう表現はすごくいいですね。まさしく家づくりは総合的実学です。

藻谷　そうなれば、工務店の人って総合的実学者ですよね。だからベンチも作れればソーラーも設置できれば、電線も引ける、用水路も直せる。「大草原の小さな家」のお父さんみたいな存在。それが本来の地域の工務店なのでしょう。

野池　そうした作業的実学と言えるようなものに、エネルギー計算とか構造計算みたいな計画的実学が加われば最強です。すばらしいことに、そんな地域の工務店が増えています。

対談3　藻谷浩介　　177

藻谷 そういう意識を高く持ち勉強して実践している工務店が増えれば地域は安心ですし、それが結果的に地域振興になって人口が減らないことにつながります。住宅も含めていいストックとしての街区があれば、そこによいソフトが育つかもしれません。例えば千葉のユーカリが丘がその典型です。

野池 藻谷さんとの対談を集めた『しなやかな日本列島のつくりかた』で私も初めて知りました。すごい話ですよね。

藻谷 そう、ありそうで誰もやっていなかった種類の大型団地開発です。私も「本当かいな」と思いつつ話を聞き、現地を拝見したわけですが、40年以上かけてじっくり町を造る姿勢、良好な住宅ストックを積み上げる姿勢に感動しました。取り組みは多岐にわたるので詳しい話は割愛しますが、景観的にも整備されていて、公共スペース含めたメンテナンスを行う仕組みがあって、年齢に応じた住み替えを支援していて、他にもあれやこれやの理由があって、結果として住宅の資産価値が落ちて行かない。都心から1時間かかる不便な場所なんですよ。不便ですが、売れている。人口が減らない。

野池 ユーカリが丘はぜひ見に行きたいところです。

藻谷 ぜひ行ってみてください。面白いですよ。神戸の芦屋みたいなところではなく、庶民の住宅エリアで、高い理想を実現できているところに感銘を受けます。

　家に再販価値があるかないかは、人生を大きく左右します。いざとなれば高く売れる家を持ってメンテナンス投資をする方が、単に貯金しているよりもいいわけです。住人がそういうことを理解する地域文化っていうか、街区文化をつくってしまった。不便な場所なんだけど、周りに比べて町が明らかに生き生きしているので、周りの地区から人が引っ越してくるんですね。だから人口が減らない。そんなことが本当に起きています。

野池 いかに街区文化をつくるか、ですよね。庶民的なのもいいなあ。

藻谷 土地神話が染み込んでいる世代がずーっと土地を持っている地域は、上物の大事さに目がいかず、土地を駐車場や空き地なんかにして寝かせ続けて、結果としてぺたーっと全部衰退してしまう。最近ようやく、土地神話を経験しなかった世代が土地を持ち始めるようになってきて、少しだけ世相が

変わってきました。じっとして高く売れるのを待つというような非現実的な発想をするんじゃなく、住み替えをして、勝ち残りそうなほうに投資したほうがよいというふうになってきた。

野池 ユーカリが丘はその先進例だと。

藻谷 そうです。さっきは街区という表現をしましたが、最近流行っている言葉を使うとコンパクトシティ＆タウンズですね。実際に流行っているコンパクトシティという言葉はいろいろ誤解を呼びやすくて問題があるんだけど、その誤解のひとつを避けるために「タウンズ」をつけています。シティというと大きな町の都心限定みたいに受け取っちゃうので。そうではなく、小さな町や村の小さな集落でも、コンパクトタウンになれます。

　コンパクトと呼べる条件は、車に乗らずとも歩ける範囲で一通りの用が足りるということです。それから他の拠点とを結ぶ公共交通機関の結節点が存在していることも重要です。その反対が、車で行かないと何もできない、その代わりどこにでも車で行けますっていう、全員が車で動くことを前提につくっているアメリカ型の街づくりですね。そういう地域が日本でもすごく増えてしまいました。

野池 増えてますねえ。そんな土地に行っても無味乾燥で、人の体温みたいなものがまったく感じられません。そもそも歩いている人をほとんど見かけない。人はいるはずなのに人の姿を見ないという、寂しくて不思議な感覚を覚えます。

藻谷 車の運転できるうちは便利なんだけど、いよいよ本当に70歳、80歳を超えてきて、そろそろそんな暮らしはやっとられんねえっていうことになると困ります。今や女性の4割が90歳を超えても生きる時代です。やっぱりすぐそこに店があって、庶民的な市場みたいなのが残っているほうが実はいいんですよね。

野池 そうですよね、世間話もできるし。

藻谷 そうそう。しかもそんなタウンズに外国人観光客もやってくるようになってきました。一通りの観光地に行けば、次には「日本人らしい暮らし」を感じられる場所に行きたいと思うのが観光している側の気持ちです。そこ

がアメリカと同じドライな車社会になっていては、がっかりですよね。

でもせっかく古くていい感じのコンパクトタウンが残っていても、そこの住宅ストックが劣化していれば、やっぱり住むことは難しくなります。住人に家を補修して住み継ぐ街区文化があるか、そこにちゃんとした工務店がいて活動しているかどうか、そういうことが重要になりますね。

野池 そのソフトがなければ、最初はいいかもしれませんが、気が付いたら情けない家になり、情けない街になっていきますよね。もっと言えば、ただ補修するだけではなくて、そこにひとひねりを加えると家がよくなり街がよくなっていくはずです。

藻谷 商業街区であれば、おもしろい内装業者がいる所が、やっぱり街がおもしろくなるんですよ。内装業者がそれこそひとひねりして、古い商業建築のストックを再生させているところっていい街になるんです。住宅街で言えばその役割を果たすのが工務店ですよね。内装業者よりは少し地味かもしれないけど、おもしろい工務店がいれば必ず街がおもしろくなります。

野池 私の工務店仲間が読んだらきっと元気が出ます。ではエネルギーの話にちょっと戻しますね。藻谷さんが知っておられるエネルギー関係のおもしろい取り組みがあれば教えてください。

街ぐるみのエネルギーへの取組み

藻谷 地域でエネルギーを手作りする試みは、東日本震災以降に急増しているわけですが、戦前から事例があったのです。星野リゾートは全国に展開して有名ですが、元々は軽井沢の星野旅館です。その先々代は戦前に、小水力発電設備を近くの沢に造りました。まだ今のようなうるさい規制がなかった時代です。先代は地中にパイプを回して、そこを通した水を冷暖房などに利用する仕組みをつくった。いわゆる地中熱利用ですね。だから軽井沢の星のやは、今でも電力は自給だそうです。星野リゾートの今の社長は「私がいろいろな挑戦ができるのも、そうやって日常の維持費を削減できるようにしておいてくれたおかげ。自家製エネルギーを持っているところは強いことを痛感する」と話しておられました。

野池　へえ。ずいぶん前からそんな賢い取り組みをしていたところがあるんですね。すごいなあ。

藻谷　小水力と言えば、那須の小水力をご存じですか。

野池　聞いたことはあります。詳しくは知りませんが。

藻谷　あれはたいへんなものです。既に発電量が 1000kW を超えるところまでいっています。経営主体は用水路組合です。那須野ヶ原は緩傾斜地で、小水力発電に手ごろな長大で直線の用水路が多い。それを管理運営する用水路組合の、事務をやっていた女性が、用水路で発電すればビジネスになると思いついた。実際やっても水が減るでなし、汚れるでなし、何の副作用もないわけです。

　ただ今の規模になるまでにはひどく苦労をされました。規制よりも身内の反対をクリアするのが、ものすごくたいへんだったのです。それも最初の一基を設置するときがたいへんだったのではなく、一基目、二期目がどんどん利益を出すようになって三基目を造るときに、つまり事業として何の問題もないと明らかになってから、トップが突然もうやらないと言い出して、一時は健康を害するほどの心労があったそうです。

野池　へえ、女の人がやったんですか。知らなかった。

藻谷　結局、元専業主婦で事務のために雇われていた女性が、ビジネス手腕をどんどん発揮し出したことが、旧来のボスたちからみれば目障りになったということでした。そういう理屈も何もない権力乱用が地域をダメにするわけです。ですが彼女は、余りの理不尽に耐えられずに戦いまして、結局自分が組合長になることで勝ちました。

　この組合はものすごく研究していて、こういう土地形状の所はこんな方式でやるとうまく行くっていうようなノウハウを蓄積しています。たくさん人も雇っています。

野池　自然エネルギーやって地域の人の雇用にもつながっているって理想的ですね。

藻谷　日本中の用水路組合が真似をするべきだと思うのですが。

野池　ほんとですね。でもなぜ真似しないんだろう。

対談 3　藻谷浩介　　181

藻谷　那須みたいに儲かっているところほど宣伝しないんですよね。それに、那須の旧体制と同じで、全国の用水路組合の既存のボスは面倒なことはしたくない。だったら誰かにやらせればいいわけですが、それで自分の地位が脅かされるのは嫌だ。つまり、長となる器も能力もない人物が上にいるところに、問題があるわけです。政治も大企業も自治会も、日本の多くの組織が大同小異ですが。

　その点、バイオマスタウンを名乗って有料ツアーを受け入れて、うまく宣伝しているのが、岡山県真庭市です。地元の製材所から出る木くずをベースに、林業者の持ってくる木の皮や葉や根を混ぜて発電しています。でも彼らも、億単位で収益金が発生していることは宣伝していません。黙って、その多くを市に寄付しています。そして市はそのお金を、林業関係の若手人材の育成に使っているのです。

野池　それ、ええ話ですね。

藻谷　まさにええ話でしょ。この市の経済界のリーダーも、市長も、上に立つべき訓練を積んだ、心ある人たちなのです。後の世代のために動いているのです。

　まだまだ続けますと、新潟県の十日町市は豪雪地帯なので、役場の除雪のために屋根にお湯を流すんですけど、そのための燃料は地元製品のペレットで、さらにそのペレットはキノコの菌床に使った廃材で作っています。地元にある屋根の融雪機器メーカーが、新分野としてバイオマスエネルギーに進出しているわけです。灯油でお湯を沸かしているのではもうだめだろうと。

野池　もう絶対続かないですからね、いろんな意味で。

藻谷　そういういろいろな取り組みを見ていると、必ず、手を動かし工夫してハードを組み立てられる工学系の地域事業者がメンバーに入っています。地域にやる気のある工務店のおっちゃんがいれば、必ず絡むことになるでしょう

野池　さっきもちょっとお話ししましたけど、若い工務店の社長が非常に面白い。大学出てる人も中卒や高卒の人も一緒に集まって、省エネになる家づくりの勉強を熱心にやるんです。いまはパソコンでエネルギー計算なんかが

できる時代になっているんですけど、パソコンすらほとんど触ったことのない大工がそんな計算までやれるようになっていくわけです。それは感動ものですよ。

それから設計を専業にしている設計事務所の若者もおもしろい。さっきの藻谷さんの家の設計をやったようなタイプじゃなくて、デザインも含め総合的に大事なことを勉強して家づくりをやってる人です。またそうした人は地域貢献や社会貢献の意識もすごく高い。

だから先ほど藻谷さんにご紹介いただいた事例の地域で、こんな工務店とか設計者とかがからんで何か一緒にやるとか、逆に我々の仲間が自然エネルギーやってる人を巻き込んで何か一緒にやるとかになっていったらおもしろいし、私はそうなることを強く願っているわけです。

藻谷 現実問題として、地元の工務店が絡まないような動きは継続が無理です。何をするにしろ、地元にメンテナンスできる人材がいなくてはならないんですから。さらに野池さんが言われているのは、そうした現場作業への関わりだけではなく、計画や設計にも関われるんじゃないかということですね。いや、そういう人材は地域にいれば最強ですよ。

野池 もうひとつ藻谷さんにお伺いしたいのは、いまご紹介していただいた事例もそうでしたけど、エネルギーをつくる取り組みはいろいろおもしろいものがあるのに、エネルギーを減らすほうの取り組みはあまり聞かないのはなぜでしょう。

藻谷 無数にありますよ。でもひとつひとつの事例が細かくて地味なので、特に行政の世界では余り注目されない。

事例をストックし勉強し合っている取り組みとして、「エネルギーから経済を考える会議」があります。「エネ経会議」で検索してみてください。全国の中堅中小事業者の集まりで、それぞれが自分たちの事業の中で省エネを実践しています。リーダーは、小田原の鈴廣かまぼこの副社長です。彼自身自分の工場で、何割もの省エネを達成しています。

ですが、個人が住宅でとなると、とんでもない家を借りている私自身がそうですが、本当に取り組みが遅いですね。

対談3　藻谷浩介　　183

教育者型エンジニアが求められる時代

野池 断熱とか風通しとか、そうした建物の実力を上げる工夫をしていけば、住み心地がよくなって省エネにもなるわけです。冬暖かくなれば、ヒートショックのリスクが減るだけじゃなくていろんな疾病が改善されていくという研究結果も出てきましたし、「賢く減らすと別のいい結果がくっついてくるぞ」という話を伝えたいと思って頑張っています。LED にするのも太陽光載せるのも大事だけど、建物や暮らし方で賢く減らそうよと。ちゃんとした情報を集めると、結構安くて効果の高いプチ断熱リフォームなんかもできるよって。

藻谷 そういうことをやってくれる工務店が近所にあって、気軽に相談できるといいですよね。

野池 地域性や予算などの様々な要素を考え、エンジニアリングのマネージメントをして最適解を出す。そんなことができる人材を地域にどんどんつくっていく。それが私の仕事です。

藻谷 ぜひ 1985 の取り組みを広めていただきたいし、事業者だけでなく住宅のオーナーが、もっともっと飛びつかなければいけないと思います。省エネの取り組みにもいろんな流派があるんでしょうが、それぞれが個性を伸ばす方向で、お互いに攻撃し合わずに前向きな競争をしてほしいですね。

野池 熱とかエネルギーとかの動きは物理法則に従っているので、エンジニアリングでアプローチしていけば、おのずと答えは収束していきます。私に近い仲間以外でもそうしたアプローチができる人たちがどんどん育っているので、前向きな競争ができていると思っています。

藻谷 何をもって「前向きな競争」と判断するか。僕の評価軸はもう決まっています。誰かが儲かるという話だけではなく、地域全体に良質なストックが増えて、エネルギー代の地域外、海外への持ち出しが減って、間接的に人口維持につながるか。これが最初にお話しした通り、私の評価軸なんですよ。

　人間というのは業が深いもので、「自分が儲かるほど、地域が細る一方」の事業というものをつくってしまいがちです。地域から外にお金を出して、

その一部の上前をはねて儲けるやり方ですね。自動車を作っていない地域が車社会化すれば、そこにある自動車販売店もガソリンスタンドも、みな地域から外にお金を汲みだすエージェントとして機能してしまいます。自然エネルギー以外の電気事業も同じですね。

逆に地域が太るタイプの事業とは、地域が外からお金を持ってくるようにして、その上前をはねて儲けます。彼らがコストを掛けるところはちゃんと掛けるほど、人材育成をしっかりやるほど、地域内の蓄積は厚くなります。

大企業というのはどうしても、東京に抱えている膨大な間接部門を維持するために、地域からお金を汲みだして細らせますからね。無駄な間接部門を東京に持たない、つまりメインフレームコンピューターを持たない、PCのネットワークみたいなものをぜひ皆さんにはつくってもらいたい。

野池　私が描いている1985の活動イメージを端的に表現していただきました。ありがとうございます。

藻谷　野池さんたちみたいな方向で進んでいる活動がゲリラ的に全国に広がっていて、そういう人たちがメインフレームコンピューター型のやり方をぶっ倒していただきたいなあといつも思っています。

「英雄叙事詩の時代」から「エンジニアの時代」に変わっていることを理解せねばなりません。エンジニアリングできる人が上に立たないと駄目なんですよ。エンジニアがリーダーをすると、往々にして地味でおもしろみはないんだけど、それがすごく大事です。

野池　建築とか家づくりって言うのはちゃんと工学があって、エネルギーのこともちゃんと分かってやらないといけない。そのために私みたいな教育者型エンジニアが求められる時代になってきたと思います。かつ私は独立系なので、大企業とか国とかに縛られないで動けますし。

藻谷　もうほんとに期待しています。豊かなうちに投資しておくべきは、結局は人材ですから。人材に投資しておけば、どこでどう役に立つか分からない。しかも同じ人材なら、より基本的なところ、つまり衣食住に近いところで役に立つ人材のストックを持っておいたほうがいい。もちろん文化とかも大事なんだけど、やっぱり衣食住あっての文化なので。

対談3　藻谷浩介　　185

ちなみに衣食住も、やっぱり重要な順番に並んでいるのです。まず衣類が
ないと、人間は冬であればその日のうちに死にます。毛皮を失った哺乳類で
すから。衣類は本来確保するのがいちばん大変なものなんだけど、産業革命
以降に機械生産で解決できてしまいました。今や途上国のものすごく貧乏な
人でもカラフルなTシャツを着ている時代です。

野池　なるほど。

藻谷　次に食ですけど、これまた食料生産の機械化が進んで、非常に食費が
低い時代になっています。日本の食料生産が全部で8兆円、それに輸入食品
が5、6兆円なんですよ。全部で14兆円程度しか掛かってない。トヨタの連
結決算の売り上げよりも小さいのです。これまた、化石燃料依存を自然エネ
ルギー活用に切り替えて行かないと、どこまで続くかわからないのですが。

　そして、衣食の問題がとりあえず暫定的かもしれないけど解決されたとし
たき、住が大問題になってきます。実際問題日本では、服がない、食事がな
いということで死ぬ人はとても少ないのですが、地震や津波が来たら家が壊
れて亡くなるであろう人はまだまだたくさんいます。ましてや、冷暖房の不
備を計算にいれればたいへんなことです。

野池　家の中の温度差で死んでいる人が2万人近くもいます。高齢化に伴っ
て。これもすごい数字です。

藻谷　亡くなる人の何十倍も病気になる人がいるでしょうから、それが医療
費も圧迫している。衣食住の中で最後に残った住の問題は、「日本の家はウ
サギ小屋」と言われたときか既に明らかだったのに、余り進展してないです
よね。ということで、その住の問題を解決しようというとこに若い人が集ま
るのは当然なのではないでしょうか。

野池　衣食住の問題をそんなふうに俯瞰的に見るというのは初めての発想で
刺激的です。藻谷さんとお話しできて、総合的実学という住宅建築の分野で、
教育者型エンジニアという私の役割がますます明確になりました。これから
も1985という活動のことを藻谷さんの頭のどこかに置いておいていただく
とうれしいです。お忙しいところ本当にありがとうございました。

（2016年6月　大阪市にて）

あとがき

　なぜか私は小さい頃から社会問題に関心があり、オイルショックの後に出てきた「エネルギー」に関する情報を追いかけ、核融合の研究者になりたいと考えるようになりました。その当時、核融合はエネルギー問題を解決する"夢の発電"と言われていたからです。結局大学では物理学の別の分野に進んだのですが、「社会を変えるには教育だ」と考えて卒業後は教師になりました。その後、様々な偶然と必然があって教師を辞め、住宅分野に首を突っ込むようになり、今に至っています。

　大橋マキさんとの対談でも鋭く指摘されたように、私の役割は「普及」です。また藻谷浩介さんとの会話から「教育者的エンジニア」という言葉がひょっこり出てきました。本書の出版作業を進める中で、私は教育者的エンジニアとして家庭の省エネを普及する立場であることが明確になりました。

　1985 アクションは、建物の工夫による省エネを中心に置きながらも、家電や調理、さらに暮らし方まで視野を広げ、内容の濃い勉強会を開催し、有用なツールを開発し、地域から家庭の省エネを拡げていく仕組みを持っています。これほど家庭の省エネに"本気で"向かっている活動は他に類を見ないと自負しています。

　みなさんのお仕事や活動が家庭の省エネに関わりがあるなら、本書でご紹介した具体的な省エネの方法を今後の参考にしていただきながら、もちろんご自身の家庭の省エネにも活かしてください。そして、何らかの形で我々の活動とつながっていただくことを願います。これから新築やリフォームを考えていて本書を手に取った方は、ぜひ本書を参考に「小さなエネルギーで豊かに暮らせる住まい」をつくってください。

2018 年 4 月　野池政宏

野池政宏　（のいけ　まさひろ）

1960年生まれ。住まいと環境社代表。岡山大学理学部物理学科卒。
（一社）Forward to 1985 energy life代表理事、NPO法人WOOD AC理事、
自立循環型住宅研究会主宰。暮らし向上リフォーム研究会主宰。
主な著書：『パッシブデザイン講義』Passive-Design Technical Forum、
『パッシブデザインの住まいと暮らし』（共著）農文協、『省エネ・エコ
住宅設計究極マニュアル』エクスナレッジ、『本当にすごいエコ住宅
をつくる方法』エクスナレッジほか。

一般社団法人 Forward to 1985 energy life

3.11をきっかけに、野池政宏が発起人となり、省エネ住宅と暮らし方
を普及すべく立ち上げた団体。全国の工務店、設計事務所、建材・設
備メーカー（約200社）を中心に構成されている。快適で省エネな
住宅に関する情報の配信、アドバイス、ツール開発などを行っている。

小さなエネルギーで豊かに暮らせる住まいをつくる
エネルギー半減をめざす1985アクション

2018年5月1日　初版第1刷発行

著　者⋯⋯⋯野池政宏
発行者⋯⋯⋯前田裕資
発行所⋯⋯⋯株式会社学芸出版社
　　　　　　〒600-8216
　　　　　　京都市下京区木津屋橋通西洞院東入
　　　　　　電話 075-343-0811
　　　　　　http://www. gakugei-pub. jp/
　　　　　　Email info@gakugei-pub. jp
装　丁⋯⋯⋯森口耕次
DTP組版⋯⋯⋯ケイエスティープロダクション
印　刷⋯⋯⋯創栄図書印刷
製　本⋯⋯⋯新生製本

© Masahiro Noike 2018
ISBN978-4-7615-1367-2

Printed in Japan

JCOPY 〈(社)出版者著作権管理機構委託出版物〉
本書の無断複写（電子化を含む）は著作権法上での例外を除き禁じられています。
複写される場合は、そのつど事前に、(社)出版者著作権管理機構（電話
03-3513-6969、FAX 03-3513-6979、e-mail: info@jcopy.or.jp）の許諾を得てください。
また本書を代行業者等の第三者に依頼してスキャンやデジタル化することは、たとえ
個人や家庭内での利用でも著作権法違反です。